Stefan Schütz

Fundamentale Konzepte für Schlagzeuger

Ein Lesebuch

LEU VERLAG

Inhalt

V Stilistik 68

VI Sonstiges   89

I   Danke

An allererster Stelle möchte ich mich bei all meinen Schülerinnen und Schülern, Studentinnen und Studenten bedanken. Ohne ihr reges Interesse und ihre Fähigkeit, die abwegigsten Fragen zu stellen, hätte ich das eine oder andere Prinzip sicher nie erkannt und auch das ein oder andere Konzept sicherlich so nicht entwickeln können. Ihre Lust zum Erlernen des Instruments hat mich immer wieder angetrieben, daher stehen sie an erster Stelle. Danken möchte ich auch meinen Kollegen vom drum department. Sie alle haben mich immer motiviert, dieses Buch zu schreiben. Meiner Frau Jutta danke ich für ihre Meinung zu den Texten. Sie durfte das Manuskript als Erste lesen und korrigieren, und das hat sie wirklich exzellent gemacht. Meinen Kindern Kaja und Jannick, die mich ständig neu herausfordern und durch die ich viele neue und interessante pädagogische Erkenntnisse gewinnen kann. Diethard Stein für immer wieder motivierende Unterstützung und last but not least Wolfgang Leupelt und seiner Frau Ursula, die sich sofort für die Idee zu diesem Buch begeistern ließen und nicht gezögert haben, es zu veröffentlichen.

II   Einführung

Ich habe mir lange überlegt, ob es Sinn macht, ein weiteres Schlagzeug-buch zu schreiben. Der Markt ist gesättigt und es gibt für jedes noch so spezi-elle Gebiet entsprechende gute und natürlich auch weniger gute Literatur. Im Laufe meiner langen Dozententätigkeit und durch meine Arbeit als Schul-leiter und Dozent des drum department konnte ich viele wirklich erstaunli-che Erfahrungen sammeln. Ich habe, auch mit Hilfe und auf Anregung von meinen Kollegen[1], viele eigene Konzepte entwickelt. Durch die intensiven Begegnungen mit vielen der weltbesten Schlagzeuger[2] kann ich direkt an der Quelle die unterschiedlichsten Herangehensweisen an das moderne Schlag-zeugspielen kennen lernen und analysieren. Das Erkennen und Realisieren der fundamentalen Strukturen, der Art, wie man heutzutage Schlagzeug spielt, hat mich inspiriert und ermuntert, dieses Projekt nun doch in Angriff zu nehmen.

In dem vorliegenden Buch werde ich den Leser in diese Konzepte einfüh-ren. Ich möchte aufzeigen, wie man Schlagzeugspielen auf eine andere Wei-se erlernen und erfahren kann, als es in der vorhandenen Literatur gesehen und dargestellt wird. Ich benötige in dem gesamten Buch keinerlei Noten, denn es geht nicht um das Erlernen von immer weiteren neuen Licks, Pat-terns und Kombinationen, sondern um das fundamentale Herangehen an das Instrument, das wir alle so gerne spielen. Vielleicht sieht der ein oder andere Kollege manche Thematik aus einem völlig anderen Blickwinkel und hat eine entgegengesetzte Herangehensweise.

---

1   Meine weiblichen Kolleginnen und alle Schlagzeugerinnen sollen sich bitte durch die maskuline Anrede nicht stören lassen. Aufgrund der besseren Lesbarkeit habe ich mich entschieden, nicht jedes Mal beide Geschlechtsformen zu nennen. Die Leserinnen dieses Buchs werden mir das verzeihen.

2   So großartige Drummer wie Ricky Lawson, Dave Weckl, Virgil Donati, John Riley, René Creemers, Jojo Mayer, Chester Thompson, Chad Wackermann, Billy Cobham, Curt Cress, Armin Rühl, Billy Ward und viele andere.

Das heißt aber im Gegenzug nicht, dass deshalb meine Konzepte ungenügend sind. Sie sind nur anders und sicher oft auch ungewöhnlich, aber wirkungsvoll.

Viele Wege führen nach Rom, nur ein Weg führt garantiert nicht dorthin: Wenn man einen Weg ein Stück geht, wieder zurück, dann den nächsten Weg ein Stück, wieder zurück und dann den nächsten usw. So kommt man garantiert nicht am Ziel an. Wichtig ist, dass man sich für einen Weg entscheidet und diesen konsequent geht, ohne Wenn und Aber. Ich habe mich entschieden und möchte nun den interessierten Schlagzeuger mit auf diese Reise nehmen, auf eine Reise, die ganz an das Fundament unseres Instrumentes führt, an die Substanz und an die Basis. Dass es sich hierbei nicht um abstrakte Ideen und Konzepte handelt, wird schnell deutlich, da im Zentrum dieser Konzepte immer der agierende Musiker steht: ein Mensch mit Emotionen, Vorstellungen und Denkschemata, mit persönlichen Eigenheiten und individuellem Körperbewusstsein. Mit Hoffnungen, Freuden und Glücksgefühlen, mit Unsicherheiten und Ängsten. Hier gilt es zu arbeiten und hierher muss der Weg führen: ganz an die Basis. Ich bin mir sicher und habe es oft schon erfahren dürfen, dass dann der Spaß am Instrument steigt, dass sich die rhythmischen Fähigkeiten verbessern und dass man als Musiker einfach besser klingt. Und darauf kommt es mir an.

Sämtliche Ideen basieren auf unserer westlichen Musikkultur und erheben nicht den Anspruch, universell gültig zu sein. Im indischen, arabischen und auch afrikanischen Raum gibt es völlig andere rhythmische Strukturen, auf die ich nicht eingehen werde. Ich behandle die rhythmischen Strukturen, wie wir sie in der modernen populären Musik vorfinden und wie sie ein moderner Schlagzeuger heutzutage beherrschen sollte. Selbstverständlich geht es hierbei nur um die großen Linien, und zu sämtlichen „Regeln" gibt es natürlich auch Ausnahmen.

Erlaubt ist grundsätzlich, was gefällt. Jeder ist in der Ausgestaltung seiner Kunst frei.

Wenn ich von musikalischen Regeln und Gesetzmäßigkeiten spreche, dann meine ich damit eigentlich Hörgewohnheiten. Es gibt für unser Instrument keinen „akademischen" Bereich, keine absolute Lehrmeinung, der sich alle anschließen müssen, wie es in der empirischen Wissenschaft üblich ist. Es geht um die Hörgewohnheiten der Mitmusiker und der Zuhörer: Das ist der Maßstab. Wer kein Publikum sucht und finden will, der kann natürlich machen, was er will - der Freiheit sind keine Grenzen gesetzt. Wer aber sein Schlagzeugspiel gemäß unser aller Hörgewohnheiten verbessern will, der wird mit Hilfe dieses Buches sicher einige neue Ansatzpunkte finden, die ihm das ermöglichen. Das ist die Idee: Ich möchte uns alle zu besseren Schlagzeugern machen und helfe gerne mit, den Spaß und die Freude an unserem Instrument zu intensivieren. Und ich denke und hoffe, dass mir das gelingen wird.

II.1   Der pädagogische Ansatz oder Warum weiß der das?

Mein Hauptberuf ist Dozent. Ich bin selbst aktiver Musiker[3], habe aber schon immer gerne und viel unterrichtet. Meinen Mitmenschen dieses unglaublich schöne Instrument nahezubringen hat mir immer Spaß gemacht und macht es immer noch, mehr denn je. Vielleicht deshalb, weil für mich ein Schüler nicht irgendein Schüler ist, sondern weil ich in ihm einen Menschen sehe, der versucht, mit Hilfe des Instrumentes seine Gefühle auszudrücken. Dabei helfe ich gerne. Ich bin immer auf der Suche nach Wegen und Konzepten, wie man Schlagzeugspielen am einfachsten und am treffendsten vermitteln kann. Das ist mein Hauptantrieb: die Suche nach den fundamentalen Zusam-

---

[3]   Leider sehen viele Musiker das Unterrichten als notwendiges Übel. Sie würden gerne ihren Lebensunterhalt allein durch die Ausübung ihrer Kunst bestreiten. Da dies nur in seltenen Fällen gelingt, sehen sie sich wirtschaftlich genötigt, Unterricht zu geben. Dass bei dieser Motivation die Passion für den Lehrberuf fehlt, ist offensichtlich. Die daraus resultierende fehlende Qualität wird leider oft akzeptiert.

menhängen. Und das nicht nur für mich, sondern und vor allem für diejenigen, die sich mit und an diesem Instrument weiterentwickeln wollen. Die meisten Übungen sind konzeptionell einfach, vielleicht auch deswegen sehr wirkungsvoll, und sie erhöhen den Spaß am Schlagzeugspielen enorm. Denn ohne Freude wird der Erfolg ausbleiben. Zwanghaftes Üben und verbissenes Herangehen stehen im krassen Gegensatz zu meinen Konzepten.

Im Vordergrund steht also immer der pädagogische Ansatz, und die daraus resultierende Didaktik wird am Erfolg des Einzelnen gemessen und auch nur dahingehend angewendet. Das ist das Schwierige an diesen Prozessen, denn jeder hat so unterschiedliche Begabungen und Interessen, Fähigkeiten und Unzulänglichkeiten, dass jedes übergeordnete detaillierte didaktische Konzept eigentlich scheitern muss, außer, man verlegt sich auf die wirklichen, alle agierenden Personen betreffenden Grundsätze. Diese Grundsätze aufzuarbeiten und dem Einzelnen zu helfen, Schlagzeugspielen zu lernen, zu verbessern oder bis zur Perfektion auszubilden ist mein Beruf und auch meine Berufung. Daher begnüge ich mich nie mit einer Übung X oder Y, sondern versuche immer, die Grundsätze und die Wirkungsweise dieser Übung auf den Einzelnen zu verstehen und zu erkennen. Das muss so sein, denn das Lernen einen Instrumentes ist nicht vergleichbar mit dem normalen Lernen, wie wir es aus der Schule oder dem Studium kennen.

Das Lernen eines Instrumentes ist immer ein höchst individueller und auch intimer Prozess. Der Musiker geht ab einem bestimmten Punkt seiner Entwicklung eine Beziehung mit seinem Instrument ein, eine Beziehung, die ihn eine lange Zeit, wenn nicht gar sein ganzes Leben lang, begleiten wird. Wie jede Beziehung, die wir zu Menschen haben, so ist auch die Beziehung zu unserem Instrument von Höhen und Tiefen bestimmt. Einmal fühlt man sich als absoluter Supermusiker, das andere Mal möchte man am liebsten Brennholz aus dem Schlagzeug machen. Das ist völlig normal, und ich denke, das muss auch so sein. Denn nur daraus erwächst im Laufe der Zeit eine tragfähige Beziehung. Daraus resultiert auch die Erkenntnis, dass man keinerlei Zeitspanne angeben kann, in welcher man das Schlagzeugspielen beherrschen kann. Denn es handelt sich hierbei immer um Prozesse, die lange dauern und die sich auch immer und ständig verändern.

Aber genau diese Veränderung hält die Beziehung zum Instrument frisch und lässt uns als Musiker wachsen. Die meisten der genannten Übungen in diesem Buch folgen diesem Prinzip. Es sind Prozesse, und keine kurzen, einmal wegzuarbeitenden Übungen nach dem Motto eins und eins gleich zwei, sondern sie sollen verstanden werden als das, was sie sind: Möglichkeiten, den Prozess des Lernens und Wachsens zu vertiefen und zu beschleunigen und vor allem auch, ihn in die richtige Richtung zu lenken und zu führen. Dieser Prozess ist individuell und er bewegt sich ganz am Fundament. Darum geht es. Und ich bin mir sicher, dass im Laufe der Zeit der ein oder andere eine Übung respektieren und anwenden wird, die er anfänglich als simpel, banal oder gar lächerlich abtat.

Nach meinem Verständnis gibt es jedoch keine banale oder lächerliche Übung. Es gibt allerdings viele unnütze und unnötig komplizierte Übungen, die den Musiker auf seinem Weg zum Erwachsenwerden nicht helfen, sondern im schlimmsten Falle diese Entwicklung sogar bremsen. Das Instrument als individuellen Ausdruck und als phantastische Möglichkeit zu sehen, die menschliche Kommunikation zu verbessern, das ist es, worum es eigentlich geht.

II.2   Musik als Sprache

Musik dient dem Menschen als wichtige Kommunikationsform. Sie ist Ausdruck von Emotionen und hat universellen Charakter. Also ist Musik im übertragenen Sinn eine Art Sprache des Menschen. Die wichtigste Kommunikationsform des Menschen ist die gesprochene und geschriebene Sprache, und eine Sprache zu erlernen geht nie über den Weg, ein touristisches Wörterbuch auswendig zu lernen. Leider wird so allerdings oft Musik unterrichtet. Anstatt die Sprache Musik vom Fundament her zu unterrichten, werden dem Lernenden oft nur einzelne Patterns, Figuren, Bewegungsabläufe etc. beigebracht. Diese werden erarbeitet und wiedergegeben, im besten Fall interpretiert. Der von Anfang an wichtige Grundsatz, dass eine Sprache möglichst frei gesprochen werden muss, wird vernachlässigt und schlimmstenfalls sogar ganz weggelassen. Die sogenannte klassische Ausbildung gibt daher dem Lernenden oft keinerlei Möglichkeit, die Sprache Musik in eigener Wortwahl und mit eigenen kreativen Möglichkeiten zu erlernen und dann auch zu sprechen.

In diesem Buch werde ich meine Konzepte der kreativen, individuellen Herangehensweise im Allgemeinen an die Sprache des Rhythmus und im Speziellen am Drumset vorstellen. Mit diesen Konzepten lernt der Schlagzeuger von Anfang an die Sprache des Instrumentes. Das ist das Wesentliche. Es gibt, ebenso wie bei einer gesprochenen Sprache, einen Grundwortschatz, Redewendungen, Zitate, Grammatik und Satzbau. Man liest die alten Meister und natürlich exemplarisch auch einmal einen aktuellen Roman. Aber die wichtigste Übung von allen ist: Es wird frei und kreativ gesprochen. Damit lernt jeder Schlagzeuger, seine eigenen Emotionen auszudrücken, und er wird relativ früh in der Lage sein, flüssig und frei zu spielen. Dies zu vermitteln ist meine Intention.

II.3   Drei große Bereiche

Es sind drei große Bereiche, die sich wie ein roter Faden durch das gesamte Schlagzeugspielen ziehen: Technik, Rhythmik, Stilistik.
Unter Technik verstehe ich das reine Handwerk. Welche Art Stöcke spie-

le ich, wie halte ich sie, wie spiele ich schnelle Doppelschläge, Paradiddles, Wirbel und Ähnliches. Moeller-Technik, Fingercontrol und Rudiments gehören ebenso in diesen Bereich wie Hand-Fuß-Kombinationen, schnelle Fills, Unabhängigkeit, Körperschnitte, Parallelbewegungen, antagonistische Bewegungen etc. Kurz: wie die handwerkliche Ausführung geschieht.

Unter Rhythmik werden sämtliche rhythmischen Phänomene, die beiden großen Strukturen Binär und Ternär, Metrum, Puls, Beat, Gruppen, Systeme, Notenbaum, innere Uhr, Synchronität, Parallelität, Timing etc. zusammengefasst. Hier beschäftigen wir uns auch mit den rhythmischen Unterschieden der Stile und mit der Internalisierung von rhythmischen Strukturen.

Der dritte große Bereich, Stilistik, meint offensichtlich die verschiedenen Musikstile wie Swing, Rock, Blues etc., meint aber in unserem Zusammenhang, wie man mit Hilfe der erlernten Technik und der angewandten Rhythmik das Drumset zum Klingen bringen kann. Das ist die Königsklasse. Diese drei Bereiche können nicht klar abgegrenzt werden und gehen ineinander über. Viele Übungen vereinen daher auch alle drei Bereiche in sich. Wenn man zum Beispiel Sechzehntel auf einem Übungspad spielt, so ist das eine technische (wie führe ich die Schläge aus) und gleichzeitig eine rhythmische Übung. Macht man das Ganze noch am Set, so kommt der Klangaspekt hinzu, und damit wird es gleichzeitig zu einer stilistischen Übung.

Die Abgrenzung der drei Bereiche halte ich dennoch für wichtig, denn sie hilft, Probleme einzugrenzen. Wenn Figur X oder Y nicht gut funktionieren, kann ein erfahrener Dozent sofort erkennen, ob das an den technischen, rhythmischen oder stilistischen Fähigkeiten des Lernenden liegt oder an zwei von den Bereichen oder sogar an allen dreien. Probleme zu separieren ist eine sehr wichtige Aufgabe, um dem Lernenden die Möglichkeit zu geben, effektiv an sich zu arbeiten. Oft genug werden falsche oder uneffektive Übungen gemacht, wobei der Erfolg dann meistens auch ausbleibt. Hier setzt die Dreiteilung an. Diese Systematik hat sich bewährt.

II.4   Über die Grenzen eines Buches

Schlagzeugliteratur gibt es mittlerweile wie Sand am Meer. Sämtliche Stile und unendlich viele Konzepte können der Schlagzeugliteratur entnommen werden. Grooves, Rhythmen, Fills und alle erdenklichen Licks, Patterns und Kombinationen sind verfügbar und können mit Hilfe von Unterrichtsbüchern und der Fachliteratur erlernt werden. So entstand im Laufe der Zeit bei vielen Schlagzeugern der Eindruck, dass man das gesamte Schlagzeugspielen aus einem Buch lernen kann.

Dabei sind die Grenzen dieser Lernmethoden gut sichtbar und eindeutig: Ein Buch kommuniziert nur einseitig mit dem Leser. Das bedeutet, dass sämtliche Gebiete, die zum Erlernen Kommunikation in beide Richtung benötigen, außen vor bleiben. Und da Schlagzeugspielen eine musikalische Kommunikationsform ist, bleibt der Hauptaspekt immer außen vor. So bleibt dem lernbegierigen Schlagzeuger nichts anderes übrig, als sich einen guten Lehrer zu suchen. Und davon gibt es mittlerweile einige.

Es leuchtet sicher jedem ein, dass komplizierte Bewegungsabläufe nicht mit Hilfe eines Buches erlernt werden können. Eine DVD[4] ist da schon besser, nur kann der Drummer der DVD, ebenso wie der Autor eines Buches, den Lernenden nicht korrigieren, und was bei dem einen Schlagzeuger funktioniert, das muss bei dem anderen nicht zwangsweise auch funktionieren.

Ein guter Lehrer vermittelt nicht nur die zu lernenden Bereiche, sondern setzt sich kreativ und konstruktiv mit der Trommelkunst des Schülers auseinander, um gemeinsam mit ihm die individuelle Sprache des Schülers zu entwickeln. Mit diesem Buch bekommt der Lernende einen Leitfaden an die Hand, mit welchem er auch die Qualifikation seines Lehrers überprüfen kann.

---

4   Ich persönlich finde den pädagogischen Effekt von DVDs wirklich sehr gut, weniger um Bewegungsabläufe zu lernen, sondern um die musikalische Herangehensweise der berühmten Kollegen kennen zu lernen. Auch sind die DVDs und natürlich CDs unverzichtbar, wenn man sich stilistisch weiterbilden will, und zur Inspiration und vor allem Motivation sind sie hervorragend geeignet.

Ich verzichte in diesem Buch auf sämtliche Bereiche, die entweder durch die vorhandene Literatur genügend abgedeckt werden oder die meiner Meinung nach durch dieses Medium nicht hinreichend erklärt und vermittelt werden können. Entsprechende Hinweise gebe ich an den betreffenden Stellen.

II.5   Klang contra Artistik – worauf ich achte

Das Schlagzeug ist wohl mit Abstand das spektakulärste Instrument. Dies liegt an der hohen Bewegungsintensität des Musikers. Alle vier Gliedmaßen werden benötigt, und wenn ein Drummer auch noch Sticktricks und sonstige Gimmicks in sein Spiel einfließen lässt, dann kommt das schon sehr spektakulär daher. Staunen ist angesagt. Daher gibt es Schlagzeuger, deren Auftritt eher an eine Zirkusveranstaltung denken lassen als an eine musikalische Darbietung. Dies liegt jedoch, wie gesagt, in der Natur des Instruments und lässt sich nie ganz vermeiden. Die Grenze ist für mich jedoch dann erreicht, wenn nur noch der artistische Ansatz eine Rolle spielt und der klangliche Aspekt in den Hintergrund tritt. Abgesehen davon, dass auch ich oft staunend zur Kenntnis nehmen muss, was mancher Kollege mit seinem Instrument und seinem Körper veranstalten kann. Wir können jedoch viel von diesen artistischen Kollegen lernen, denn sie verschieben die Grenze des technisch Machbaren, und wir können uns nicht mehr damit entschuldigen, dass eine Idee nicht spielbar sei, denn diese versierten und technisch virtuosen Schlagzeuger machen es uns vor, und das mittlerweile auf unglaublich hohem Niveau.

Das einzige Kriterium, das ich abschließend gelten lasse, ist: Wie klingt es? Ich habe im Laufe meiner Karriere schon zu oft Musiker getroffen, die ungewöhnliche Bewegungsabläufe haben, keine ausgereifte Technik besitzen und auch visuell nicht viel hergeben, die aber unglaublich klingen können. Das ist für mich der entscheidende Maßstab: Klang. Musik ist Klang. Wir Musiker sind Klangerzeuger. Musik als eine der wichtigen Kommunikationsformen des Menschen definiert sich über Klang. Musik weckt und vermittelt, transportiert und kommuniziert Emotionen. Und genau das ist es, worum es mir geht. Musik als Kommunikationsform im Allgemeinen und Schlagzeugspielen im Speziellen. Ohne Emotionen, nur mit reiner Artistik, können wir Menschen zwar zum Staunen bringen, jedoch werden Emotionen nicht nachhaltig beeinflusst. Der kleine Junge, der bei der großen Samstagabend „Wetten, dass?"-Show eine Seite eines Telefonbuchs in fünf Minuten auswendig lernt, bringt uns wahrlich zum Staunen. Und vielleicht fragt man am nächsten Tag seinen Geschäftskollegen, ob er das auch gesehen habe, nach dem Motto: Mann, das war was ..., aber das war es dann auch schon.

Musik jedoch, die einen Menschen emotional berührt, bleibt lange im emotionalen Gedächtnis. Ich kenne keinen Menschen, der nicht irgendeinen Titel oder irgendein Musikstück nennen kann, welches in ihm spezielle Emotionen weckt. Daher ist für uns als Musiker der emotionale Anteil mit der entscheidende. Die reine Artistik hat das nicht und wird es auch nicht haben können. Das liegt in der Natur der Sache. Wie in der Sprache, so kann man selbstverständlich auch mit Klängen und Tönen, Harmonien und Klangstrukturen ebenso eindrucksvolle und emotional bewegende Kompositionen erschaffen wie völlig banale und oberflächliche. Auch das liegt in der Emotionalität des Menschen begründet, denn es gibt ja genug Situationen und Gelegenheiten, bei welchen man sich nur oberflächlich amüsieren will, völlig ohne Tiefgang. Wenn das jedoch die einzige emotionale Ebene bleibt, so ist es doch ziemlich armselig und einseitig.

Ebenso wie die Sprache uns die Möglichkeit gibt, uns in den verschiedensten Situationen treffend auszudrücken, kann es auch die Musik. Und wenn die Musik noch dazu gut visualisiert wird, ist es phantastisch, das muss aber nicht sein. Wir müssen in dieser Frage natürlich auch unterscheiden zwischen Musik, die wir nur hören, und Musik, die wir als Live-Ereignis erleben. Wenn wir in ein Konzert gehen, so werden wir als Zuhörer audio-visuell angesprochen, das heißt, es kommt die visuelle Ebene hinzu. Vor allem bei großen Shows ist das so und muss auch so sein. Hier werden noch weitere Kriterien außer dem Klang herangezogen. So kann es auch sein, dass die visuelle Ebene die wichtigste ist, und dann regieren natürlich andere Gesetzmäßigkeiten. Ich beschäftige mich jedoch in diesem Buch mit Rhythmus und Klang und habe keinerlei artistischen, spektakulären und visuellen Ansatz.

II.6   Denkmuster

Viele der hier vorgestellten Konzepte haben mit Denkmustern und Imaginationen zu tun. Dies ist einer der großen Unterschiede zu anderen didaktischen Ansätzen, das Schlagzeugspielen zu lernen. Wir Menschen haben für alle erdenklichen Lebensbereiche Denkmuster, Vorstellungen und innere Schemata entwickelt, die uns helfen, uns im Alltag zu orientieren. So sind Zeitabläufe wie eine Woche, ein Monat oder ein Jahr ebenso bildartig in unserem Inneren angelegt, wie Gefühle und Stimmungen, die wir mit bestimmten Situationen verbinden. Oft helfen solche Denkmuster bei der Problemlösung, manchmal aber sind gerade sie selbst das Problem. Ich habe schon oft die Erfahrung gemacht, dass durch Einführung eines anderen Denkmusters oder durch die Veränderung eines bestehenden Denkmusters Bewegungs- und Rhythmusprobleme völlig einfach und völlig mühelos beseitigt werden konnten. Es ist wirklich erstaunlich, welche Macht in solchen Denkmustern liegt. Die richtige Art zu denken ist daher sehr oft der Schlüssel zum Erfolg[5]. Die richtige Vorstellung von einzelnen Rhythmen und Grooves, Fills, ja ganzen Musiktiteln und Stilen helfen, diese besser und musikalischer zu spielen. Kombinationen und Patterns sind mit Hilfe der richtigen Denkmuster um ein Vielfaches einfacher. Oft sind sie sogar dadurch problemlos zu spielen. Mir

---

[5]   Dieses Konzept hat nichts mit dem populären „Positiv denken" zu tun, welches eine grundsätzliche Einstellung eines Menschen zu seinem Lebensumfeld betrifft. Ich rede über „Richtiges Denken" und Denkmuster, die uns Schlagzeugern helfen, unser Instrument besser und einfacher zu erlernen und spielen zu können.

ist bewusst, dass dieser Ansatz so umfangreich ist, dass ich darüber eigentlich ein weiteres Buch schreiben könnte. Da aber für die meisten dieser Ansatz völlig neu ist, beschränke ich mich in diesem Buch auf die Hauptaspekte und die wichtigsten Ideen, die in dieser Konzeption stecken.

III   Technik

Wie ich schon anfangs erwähnt habe, kann Technik nicht befriedigend durch ein Buch vermittelt werden. Ich werde aber zumindest die Grundzüge des richtigen technischen Ansatzes aufzeigen. Detaillierte Bewegungen und technisches Know-how sollte man mit einem gut ausgebildeten Lehrer erarbeiten. Die Bewegungsabläufe im Einzelnen sind bei jedem Menschen unterschiedlich. Ebenso wie unser Gang, unsere Handschrift oder die Art, wie wir einen Ball werfen, bei jedem anders aussieht und ausgeführt wird, so sind doch die Grundsätze gleich. Das Beispiel der Handschrift ist dabei das treffendste, denn jeder entwickelt seine eigene Handschrift, die im Laufe der Zeit mit den erlernten Buchstaben und Zahlen nur noch die Grundsätze gemeinsam hat. Manche Handschriften allerdings sind unleserlich und erfüllen daher ihren Zweck nicht mehr. Genauso verhält es sich mit den Bewegungen der Schlagzeuger. Die „korrekte" Bewegung wird vom einzelnen Schlagzeuger immer an die eigenen Möglichkeiten und Fähigkeiten angepasst und dahingehend verändert. Wie gesagt, sollte nur der grundsätzliche Ansatz und die Idee dahinter bei allen gleich sein.

Viele Schlagzeuger gehen mit der Einstellung an das Thema Technik, dass schnelle Figuren und Kombinationen schwierig zu spielen seien. Hier liegt schon das erste Missverständnis, denn unser Körper muss eigentlich nichts tun, was seinem natürlichen Bewegungsablauf entgegengesetzt wäre. Schlagzeugtechnik darf nicht verwechselt werden mit Hanteltraining und Muskelaufbau, Fitnessstudio und Ausdauertraining. Wir haben die meisten notwendigen Bewegungen schon in unseren Alltag integriert und müssen diese nur in den richtigen Kontext bringen.

Wir Schlagzeuger sind im übertragenen Sinne Stock-Jongleure. Wir lassen die Stöcke so viel wie möglich alleine machen und geben ihnen nur die Richtung und die Bewegung vor, so wie ein Jongleur, der mit mehreren Bällen jongliert und dabei seine Arme nur minimal bewegt. Diese Analogie finde ich ziemlich passend, denn sie verdeutlicht den prinzipiellen Bewegungsablauf: kleine Bewegungen, die aber immer gleich und völlig locker ausgeführt werden. Dieses Prinzip gilt ebenso für unsere Arme und Hände wie für unsere Beine und Füße.

Technik ist nur dann schwierig, wenn sie falsch erlernt wird. Falsche Bewegungsabläufe verhindern nicht in jedem Fall den Erfolg, nur muss man um einiges mehr an Übungszeit investieren, um zu einem ausreichenden Ergebnis zu kommen. Tatsächlich ist es aber meistens so, dass durch die falschen Bewegungsabläufe das gewünschte Ergebnis niemals erreicht wird. Dies kommt jedoch selbstverständlich auf den Einzelfall an und kann nicht pauschalisiert werden.

Die Bewegungsabläufe der Hände und der Füße folgen stets dem Grundsatz:

So wenig Bewegung wie möglich,
aber so viel Bewegung wie nötig!

Dies ist die grundsätzlich wichtigste Handlungsanweisung. Der Schlagzeuger tut gut daran, wenn er seinen Bewegungsablauf so optimiert, dass er auf der einen Seite die notwendigen Bewegungen ausführt, auf der anderen Seite allerdings alle unnötigen Bewegungen weglässt. Es darf keinerlei Muskeldruck aufgebaut werden, und sämtliche Bewegungen müssen locker und geschmeidig sein. Das ist natürlich leichter gesagt als getan. Die erfahrenen Schlagzeuger wissen und werden bestätigen, dass man an dieser Konzeption sein ganzes Trommlerleben arbeiten kann. Bei dieser Reise kommt man wahrlich nie zum Ziel, von manchen Spitzendrummern einmal abgesehen.

Für die Hände und Füße gibt es die verschiedensten Bewegungen und Techniken. Stichworte wie Moeller-Technik, Fingercontrol, Heel-Up und Heel-Down sind mittlerweile jedem interessierten Schlagzeuger vertraut. Ich habe jedoch schon oft die Erfahrung gemacht, dass viele die Grundzüge dieser Techniken zwar kennen, ihnen aber die genauen Prinzipien dahinter nicht klar sind.

Wenn man jedoch stets den Grundsatz „So wenig Bewegung wie möglich, aber so viel Bewegung wie nötig" im Auge behält, so kann man im Prinzip nicht viel falsch machen, denn eine Korrektur ist bei lockeren und unverkrampften Bewegungen jederzeit möglich. Bei verkrampften und druckvollen Bewegungen ist eine Korrektur sehr schwierig, wenn nicht gar manchmal unmöglich. Hier muss also erst der Schwerpunkt auf Entkrampfung und Lockerung liegen, bevor man die richtigen Bewegungsabläufe erlernen kann. Eine ziemlich schwierige Aufgabe.

Ich weiß aus eigener Erfahrung, wie schwierig es ist, internalisierte und völlig automatisierte Bewegungen abzustellen und dafür neue zu erlernen. Eine wirklich heikle und delikate Aufgabe. Ein wichtiger didaktischer Ansatz ist daher das genaue und intensive Untersuchen jedes einzelnen Bewegungsablaufes nach der genannten Grundkonzeption. Nur diese Herangehensweise garantiert ein effizientes Trommeln ohne inneren Stress. Und nur durch sie wird eine nach oben hin offene Technik ermöglicht, sowohl für die Beine und Füße als auch für Arme und Hände.

Da diese Bewegungen ständig verbessert werden sollten und auch immer kontrolliert werden müssen, ist ein top ausgebildeter Lehrer für den ganzen technischen Bereich unabdingbar. Er kann den Schüler auf Bewegungsmängel hinweisen, die notwendigen Zusammenhänge anschaulich machen, die zugrunde liegenden Prinzipien erklären und er wird helfen, die Bewegungen immer weiter zu verbessern. Ein gut geschulter Dozent kann auch bei scheinbar flüssigen Bewegungen noch die letzten Schwachpunkte herausfiltern und erkennen, und er kennt die Methoden, wie man sie beseitigt. Dies in Eigenregie erlernen zu wollen, ist wie die berühmte Nadel im Heuhaufen suchen zu wollen. Selbstverständlich kann es vorkommen, dass ein Autodidakt die richtigen Prozesse erkennen kann und anwendet. Das ist aber eher die Ausnahme als die Regel, denn die technischen Möglichkeiten, die Bewegungsabläufe, sind mittlerweile so raffiniert, dass sie im Selbststudium nur rudimentär erkannt werden können.

III.1   Technik und Geschwindigkeit – zwei die zusammengehören

Wir Schlagzeuger müssen uns nur aus einem Grund so ausgiebig mit Technik befassen: Musik ist „schnell". Wären alle Musiktitel langsam und kämen darin auch keinerlei schnelle Figuren oder Melodien oder sonstige schnellen Patterns vor, so müssten wir, und natürlich auch alle anderen Instrumentalisten, uns längst nicht so intensiv mit technischen und handwerklichen Prozessen befassen.

Für uns Schlagzeuger gilt auch heute noch, vielleicht noch mehr denn je: Ein schnell und exakt ausgeführter Wirbel oder eine schnelle Kombination sind die Qualitätsmerkmale eines guten Drummers. Das ist nichts Neues, denn die Virtuosität am Instrument hat es schon seit Beginn der Entwicklung unserer Musikkultur gegeben. Für uns als Schlagzeuger bedeutet dies jedoch ungleich mehr Aufwand, weil wir unseren ganzen Körper für dieses Instrument benötigen.

Da Geschwindigkeitsprobleme so häufig anzutreffen sind, möchte ich kurz auf ein grundsätzliches Problem eingehen, nämlich auf das der Bewegungsänderung durch Geschwindigkeit. Ein Beispiel soll dies verdeutlichen: Wenn wir Menschen laufen (rennen), so ist kurzzeitig kein Fuß auf dem Boden, im Unterschied zum Gehen „fliegen" wir quasi ein Stück. Beim Gehen befindet sich immer ein Fuß am Boden. So weit so gut. Wenn man also langsam zur Bushaltestelle schlendert, so geht man im Normalfall. Wird die Zeit knapp, dann geht man immer schneller und plötzlich ändert man die Bewegung, man fängt an zu laufen. Es gibt keine Zwischenbewegung, entweder wir gehen oder wir laufen. Will man nun die Bewegung des Laufens völlig langsam ausführen, so kann man das nicht mit dem Gehen vorführen, denn der Bewegungsablauf des Gehens ist ja völlig anders. Man muss, um „langsames" Laufen zu demonstrieren, springen.

Übertragen auf unser Instrument bedeutet dies, dass langsame Bewegungen fast immer anders verlaufen als schnelle. Wenn ich eine Figur langsam spielen kann, bedeutet dies nicht automatisch, dass ich diese auch schnell spielen kann. Die schnelle Bewegung hat fast immer einen anderen Bewegungsablauf. Dies muss man wissen. Nur wer den schnellen Bewegungsablauf im Detail kennt, kann ihn auch gezielt langsam üben. Beispiel gefällig? Bitte sehr: Der Double Stroke Roll wird langsam einfach mit jeweils zwei Einzelschlägen hintereinander pro Hand ausgeführt. Kein Drummer würde auf die Idee kommen, diese langsamen Doppelschläge in der Kombination Handgelenk und Finger auszuführen. Erst ab einem gewissen Tempo wechselt man auf die Double Stroke Technik. Das ist eine wichtige Erkenntnis, denn nur so sind wir in der Lage, spezielle Übungen zu entwickeln, die schnelle Bewegungsabläufe langsam entwickeln helfen.

Nun ist es so, dass man als guter Schlagzeuger bei all diesen Phänomenen die Bewegungsabläufe nicht einfach aneinander hängt, sondern man hat immer eine Tempospanne, bei welcher man sich zwischen langsamem und schnellem Bewegungsablauf entscheiden kann. So wie wir auch statt schnellem Gehen langsam laufen können. Es muss also, um einen nahtlosen Übergang zu ermöglichen, immer eine Tempospanne geben, wo sich die beiden Bewegungsabläufe, die langsamen und die schnellen, überlappen. Dies gilt sowohl für Grooves, für schnelle Hand- und Fußfiguren als auch selbstverständlich für alle Hand-Fuß-Kombinationen.

III.2   Sehen und Hören haben vieles gemeinsam

Wir haben als Schlagzeuger drei Korrektive: das Fühlen, Sehen und Hören. Das Korrektiv Fühlen meint in diesem Zusammenhang sämtliche Konzepte mit Denkmustern, Vorstellungen und inneren Prozessen. Einfache Muskelspannungen sind ebenso wie komplexe und schwierige Vorstellungen und innere Konzeptionen Gegenstand dieses Korrektivs. Man könnte einfach sagen, dass dieses Korrektiv von außen, also von einer anderen Person, nicht wahrnehmbar ist. Man kann höchstens die Anspannung, Konzentration oder Freude eines Musikers von außen erkennen. Die inneren Prozesse und Abläufe, die sich tatsächlich ereignen, sind von außen nicht zu bemerken. Ob diese Denkmuster, diese Gefühlsebene, dem Spieler hinderlich sind oder ob sie sein Spiel verbessern, kann man nur in einem intensiven Dialog mit einem in diesem Punkt erfahrenen Musiker und Dozenten klären. Die Anleitung zur Reflexion, ein erstes Heranführen an diese Prozesse wird man in diesem Buch erhalten[6].

Das Korrektiv Sehen ist sowohl für den Anfänger als auch für den professionellen Schlagzeuger ein wichtiges Hilfsmittel. Auch der Lehrende kann durch dieses Korrektiv viel an seinem Schüler erkennen: Sämtliche Bewegungsabläufe können mit Hilfe des Betrachtens völlig einfach korrigiert werden, von guter visueller Umsetzung einmal ganz abgesehen. Hier spielt sich der gesamte technische Bereich ab. Hiermit werden die falschen Bewegungen erkannt und Bewegungsabläufe korrigiert.

Das Hören ist natürlich das offensichtlichste Korrektiv. Musik wird gehört, klar. Wenn also das, was ein Schlagzeuger spielt, gut und exakt klingt, so werden die beiden anderen Korrektive nach aller Wahrscheinlichkeit ihre

---

6   Wenn wir mit dem Dozententeam des drum department Weiterbildungsmaßnahmen durchführen, so spielt eben diese Reflexionsebene der nicht sichtbaren Prozesse, der nicht sichtbaren Korrektive, meist eine ganz entscheidende Rolle. Auch wenn wir einen der weltbesten Schlagzeuger im drum department als Gastdozenten haben, so sind die meisten und hilfreichsten Erkenntnisse, die wir bekommen, in diesem Bereich angesiedelt.

Aufgabe auch richtig erledigen. Nun stellt sich aber noch eine ganz entscheidende Frage: Wer entscheidet eigentlich, wann eine Figur, ein Pattern oder ein Groove gut klingt?

Hier kommen wir auf spannendes Terrain: Wo der eine der Meinung ist, dass dies oder jenes gut klingt, kann ja der andere der Meinung sein, dass dem nicht so ist. Musik hat bekanntlich mit Geschmack zu tun, und über Geschmack lässt sich ja nicht streiten, oder[7]? Ich unterscheide hier zwischen „handwerklich gut" und Geschmack. Ich versuche immer zu beurteilen, ob dieses oder jenes handwerklich in Ordnung ist. Das hat allerdings mit meinem eigenen Geschmack nichts zu tun. Nur wer sich in einem Sachgebiet gut auskennt, wer die meisten Nuancen und die wichtigsten Details eines Sachgebietes erkennen kann, wird in der Lage sein, diese Kritik nahezu objektiv[8] zu üben. Wer lediglich nach seinem eigenen Geschmack beurteilt, wird als Kritiker nicht sehr weit kommen können, denn er hat als Bewertungsgrundlage nur seinen eigenen Geschmack herangezogen. Dadurch wird Kritik höchst subjektiv. In der Musik und in allen Kunstformen des Menschen ist es leider oft so, dass nur aufgrund eines subjektiven Gefallens eine positive Kritik ausgesprochen wird. Diese Mechanik kommt nun leider oft auch in der Beziehung Dozent/Schüler zum Tragen.

Der Schüler wird demnach nur dann gut bewertet, wenn er so spielt, wie es seinem Dozenten gefällt. Dies führt zum einen dazu, dass der Schüler sich

---

7   Kleine Anmerkung: Dieses Sprichwort kommt aus dem Lateinischen, es heißt: „De gustibus non est disputandum." Oftmals höre ich es falsch angewendet: Über Geschmack lässt sich streiten. Dem ist aber nicht so, denn Geschmäcker sind verschieden, ein Streit lohnt sich nicht. Er würde zu keinem Ergebnis führen.

8   Objektive Kritik ist natürlich in allen Kunstformen nur sehr beschränkt möglich. Es ist aber in jedem Fall so, dass der Kenner eine handwerkliche und auch qualitative Kritik üben kann. Ob der Geschmack von Zuhörern oder Zuschauern getroffen wird, ist eine völlig andere Frage.

nicht frei entfalten kann und kann zum anderen dazu führen, dass die Schüler von XY immer klingen wie Schüler von XY. Dieses Resultat wird meistens nicht bewusst angestrebt, es entsteht also quasi aus Versehen. Das ändert jedoch nichts an seiner fatalen Auswirkung.

So ist es also unbedingt erforderlich, dass ein Dozent die individuellen Fähigkeiten seines Schülers sucht und gemeinsam mit ihm entwickelt, ohne dass er diesen auf seinen eigenen musikalischen Geschmack hin ausbildet. Und dieser Geschmack hat exakt und genau mit dem oben genannten Korrektiv Hören zu tun. Wenn ein Schlagzeuglehrer der Meinung ist, dass sein Schüler dann schon richtig und gut spielt, wenn er lediglich die Schlagfolge einer bestimmten Figur oder eines Grooves so spielt, wie es in den Noten steht, so sagt dies mehr über die didaktische Fähigkeit des Lehrers aus als über die musikalische Fähigkeit des Schülers. Denn der Schüler steht mit seiner Kritikfähigkeit ja noch ganz am Anfang. Klingt das Ergebnis nach Meinung des Lehrers gut, so gibt es natürlich für den Schüler keinerlei Veranlassung, die Korrektive Sehen oder Fühlen nochmals heranzuziehen, denn das Ergebnis ist ja, laut seinem Lehrer, schon in Ordnung.

Und genau hier entstehen dann Defizite, die später nur mühsam beseitigt werden können. Beim Korrektiv Hören dürfen also keinerlei Kompromisse gemacht werden. Erst wenn das Gespielte wirklich gut klingt, sind auch die anderen Korrektive in Ordnung. Wenn es noch nicht so gut klingt, dann tut man gut daran, die anderen Korrektive zu bemühen, vielleicht liegt der Fehler oder die Unzulänglichkeit ja hier?

Nun gibt es interessanterweise beim Hören wie auch beim Sehen nach meiner Erkenntnis drei Tempostufen, die ich hier noch kurz darstellen will: Einzelschlag, flüssige Bewegung und Wirbel. Die Parallelität zum Sehen ist bei genauerer Betrachtung evident: Einzelbild, Daumenkino und Film. Unter Einzelbild/Einzelschlag verstehe ich Schläge, die so langsam ausgeführt werden, dass der Hörer sofort jeden Schlag/Klang identifizieren kann, wie bei einzelnen Bildern, die man betrachtet. Unter Daumenkino/flüssiger Be-

wegung verstehe ich eine Schlagabfolge, bei der zwar die einzelnen Schläge
gut wahrgenommen werden können, die aber in sich schon einen Fluss hat,
wie beim Daumenkino, bei welchem man noch einzelne Bilder erkennt, die
aber auch schon einen Bewegungsablauf zeigen. Von Wirbel spricht man,
wenn die einzelnen Schläge so schnell ausgeführt werden, dass unser Gehör
sie nur noch als einen gemeinsamen Klang wahrnimmt. Man hört zwar, dass
es sich bei diesem Klang um eine schnelle Aneinanderreihung von Schlägen
handelt, aber eine Auflösung ist nur, wenn überhaupt, einem Kenner und
Könner der Materie vorbehalten.

Der Effekt eines Wirbels ist also, dem Gehör keine rhythmische Figur an-
zubieten, die es erkennen kann. Ich kann aus meiner Erfahrung sagen, dass
der Übergang zwischen den drei Tempostufen bei jedem Menschen ungefähr gleich ist. Aus dieser Erkenntnis der drei Tempostufen resultieren viele
didaktische Konzepte, denn die Einordnung in eine bestimmte Tempostufe
ist oft sehr hilfreich, und auch die Kenntnis der Grenzen von Bewegungen
kann dem Lernenden helfen, zielgerichteter vorzugehen. Da Wirbel immer
nur antagonistisch[9] ausgeführt werden können, setzt das auch automatisch
wieder eine Übegrenze. Das hilft Zeit und Energie zu sparen.

Ein weiteres Phänomen des Hörens möchte ich nicht unerwähnt lassen. Wir
nennen es das „Unter der Dusche singen"-Phänomen. Was damit gemeint
ist, ist ebenso einfach wie einleuchtend: Wenn jemand gut gelaunt unter der
Dusche singt, so klingt das für ihn meistens doch recht stimmig und gut. Nur
die Zuhörer, die vor der Badezimmertüre stehen, halten sich den Bauch vor
Lachen, denn dort klingt das Geträller doch meistens eher bescheiden wenn
nicht gar lächerlich. Was ist passiert? Nun, die Wahrnehmung des Sängers
ist eine völlig andere, denn er hört in seinem Inneren die gesamte Musik, zu
der er so inbrünstig singt. Die vor der Türe hören aber nur seinen Gesang

---

9   Antagonistisch meint in unserem Zusammenhang immer gegensätzlich. Man muss
also für einen Wirbel immer gegensätzliche Bewegungen haben, um ihn ausführen zu können.

und haben in diesem Augenblick keine weitere musikalische Umgebung, in welche sie den Gesang einordnen können.

Dieses Phänomen gibt es auch bei Musikern. Sie hören sich geradezu ihre augenblickliche Darbietung zurecht. Sie sind nicht in der Lage, das Gespielte in dem Augenblick des Spielens so zu hören, wie es ein Zuhörer aufnimmt. Erst eine Aufnahme bringt die Wahrheit für den Musiker an den Tag. Nicht selten kommt dann das böse Erwachen. Das soll ich sein? Das soll unsere Band sein? So klingt das? Kaum zu glauben! Dieses Phänomen tritt vor allem bei Nachwuchsmusikern auf.

Die Empfehlung der meisten Dozenten, dieses Problem in den Griff zu bekommen, lautet, dass man sich selbst immer wieder aufnehmen und anhören sollte. Dieser Ratschlag ist allgemein üblich und kann auch durchaus positive und erwünschte Effekte nach sich ziehen. Wer will aber im Ernst eine vielleicht dreistündige Probe komplett aufnehmen und danach alles wieder anhören? Oder wenn ein Schlagzeuger zwei Stunden alleine Grooves übt, wird er dann nochmals zwei Stunden lang alles anhören? Wohl kaum.

Die Lösung dieses Problems liegt zum einen in der Erkenntnis des Problems an sich und zum zweiten darin, die Hörfähigkeit so auszubilden, dass kein Unterschied mehr besteht, wenn man im Augenblick des Musikmachens zuhört oder wenn man danach die Aufnahme prüft. Betrachten wir also erst einmal das Phänomen an sich.

Was passiert im Augenblick des Musikmachens? Auch das ist eigentlich ganz offensichtlich: Der Schlagzeuger hat zu viele Emotionen, die ihn hindern, in Ruhe und entspannt seinem eigenen Instrument zuzuhören. Er ist zu unroutiniert und wahrscheinlich ziemlich aufgeregt. Er sieht vor lauter Bäumen den Wald nicht mehr. Nun kommt immer der Einwand, dass Musik ja etwas mit Gefühlen zu tun hat, der Musiker sich in diese Gefühlswelt fallen lassen sollte. Das ist sicher richtig, nur ist die Gefühlswelt des Musikers erst einmal eine völlig andere als die des Zuhörers. Zu viele Emotionen verhindern geradezu das richtige Zuhören.

Bei routinierten[10] Musikern tritt dieses Phänomen so gut wie überhaupt nicht mehr auf. Sie können genau im Augenblick des Musizierens ihre Musik so hören, wie sie diese auf einer Aufnahme hören. Und das ist nur möglich, wenn die Emotionen nicht überhand nehmen. Im Augenblick des Spielens ist der routinierte Spieler emotional nicht mehr so stark involviert. Erst über den Klang und die Musik, die sich durch sein Spiel einstellen, empfindet er die Emotionen und kann sie, ebenso wie der Zuhörer, genießen. Damit ist er auf der gleichen Ebene wie der Zuhörer.

Wie kann man nun die Fähigkeit des eigenen Zuhörens ausbilden? Auch das ist eigentlich offensichtlich und völlig banal: Indem man zuhört! Leichter gesagt als getan, aber genau hier liegt für viele der Schlüssel. Erst einmal den Klang auf sich wirken lassen, versuchen, im Augenblick des Spielens so zu hören, wie dies auch ein Zuhörer tun würde. Das kann man immer machen. Fast alle Übungen eignen sich dafür. Alleine und im Zusammenspiel mit der Band.

Eine erste und simple Übung, um sich der Thematik zu nähern, ist folgende: Man spielt wahllos auf seinem Instrument herum und versucht, sich nur auf den Klang zu konzentrieren. In keinem Fall soll man an das denken, was man spielt. Und diese Klangcollage kann man nun bewerten. Wie klingt sie? Wie passen die einzelnen Klänge zusammen? Klingt es harmonisch oder dissonant? Man beschäftigt sich bei dieser Übung nur mit dem Thema Klang und

---

10   Routine wird oft mit Erfahrung und wiederholtem Tun gleichgesetzt. Das ist in diesem Zusammenhang aber nicht zutreffend. Wenn ein Mensch routiniert eine Aufgabe erfüllt, so hat das immer mit Beherrschung seiner Emotionen zu tun. Wiederholtes Tun fördert dieses Verhalten, ist aber kein notwendiges Resultat. So gibt es immer wieder Menschen, die eine Aufgabe auch nach vielen Wiederholungen noch nicht routiniert durchführen können. Ein Notarzt kann an einem Unfallort nur deshalb professionell agieren, weil er durch den Anblick des Geschehens nicht emotional in Unruhe kommt. Diese Beherrschung bis hin zur völligen Abwesenheit von Emotionen macht viele Handlungen von Menschen erst möglich. So darf und wird ein Chirurg einen schwierigen Eingriff auch nie an seinen engsten Familienangehörigen durchführen. Seine emotionale Befangenheit wäre zum Nachteil.

Hören. In keinem Fall mit den Figuren an sich oder den Bewegungsabläufen. Nur direktes Hören ist angesagt und spontanes Bewerten. Wenn man das Gefühl hat, dass dies funktioniert, dann kann man beispielsweise einen einfachen Groove spielen, der keinerlei Schwierigkeiten bereitet. Diesen bewertet man auf die gleiche Weise. Wie klingt er?

Sind die Instrumente Bassdrum Snare und Hihat zueinander in einem harmonischen Verhältnis oder ist eines vielleicht zu laut und ein anderes eventuell zu leise? Nur Hören. Keinerlei Konzentration auf etwas anderes. Im Laufe der Zeit wird das eigene Hören und das Bewerten des eigenen Spiels genau dem gleich sein, wie es ein Zuhörer wahrnimmt. Dies zu erreichen ist ein langwieriger Prozess. In jedem Fall aber sollte er möglichst früh angegangen werden, dann stellt sich auch schneller der Erfolg ein. Denn Musik ist Hören. Ich habe schon mit einigen der besten Studiomusiker der Welt gearbeitet. Bei diesen Musikern ist die Fähigkeit des Hörens sehr beeindruckend ausgebildet. Diese Musiker hören beim Spielen genauso gut wenn nicht sogar noch feiner auflösend wie beim Anhören des Resultats. Das liegt natürlich an der Routine (diese Jungs sind so abgebrüht, die bringt nichts aus der Ruhe) und an der daraus resultierenden Fähigkeit, sich im Augenblick so zu hören, wie es der Produzent im Regieraum tut. Wer sich also mit dem Hören und mit dem Klang seines Instrumentes auseinandersetzt, wird in dieser Disziplin große Fortschritte machen.

III.3   Sticks, die Verlängerung von uns selbst

Stöcke sind nicht gleich Stöcke. Diese banale Einsicht verhindert jedoch nicht, dass viele Schlagzeuger auf ihre Stöcke kein besonderes Augenmerk legen. Ganz nach dem Motto: Im Zehnerpack waren sie besonders billig. Dabei sind die Stöcke das zentrale Bindeglied zwischen meinen Händen und meinem Instrument. Deshalb müssen sie mit besonderer Sorgfalt und mit Bedacht gewählt werden. Der Markt ist von Angeboten übervoll, daher gebe ich einige Entscheidungshilfen: Das Kriterium eines guten Stockes ist, wie stark er den Rebound (Rückprall) unterstützt. Stöcke, die Rebound in Zittern umwandeln, sollte man nicht benutzen. Ein tatsächlich guter Stock hat eine ausgewogene Laufruhe, das heißt, er springt immer gleich und möglichst leicht zurück. Das Gewicht ist reine Geschmackssache ebenso wie die Dicke des Stockes. Kleine Hände kommen in der Regel besser mit dünneren Stöcken aus, große Hände eher mit dickeren.

Die Länge eines Stockes ist für das Reboundverhalten und die Stockhaltung ebenso von Belang wie die Art des Holzes. Ich rate meinen Schülern und Studenten immer wieder, möglichst viele unterschiedliche Stöcke auszuprobieren, um mit der Zeit das geeignete Stockmodell zu finden. Die unterschiedlichen Stockspitzen bringen klangliche Unterschiede und können daher auch je nach Geschmack und musikalischem Einsatz gewählt werden. Gute Stöcke sind lange haltbar und bieten auch dann noch einen guten Rebound, wenn der Stock schon stark geschnitzt aussieht. Die längere Haltbarkeit und das gute Reboundverhalten entschädigen für den höheren Preis, den man für gute Stöcke zahlen muss. Hier würde man am falschen Ende sparen.

III.4 Handtechnik

Der richtige Bewegungsablauf entscheidet nicht über die musikalischen und kreativen Fähigkeiten, wohl aber über die virtuose Ausprägung derselben. Durch die richtige, ökonomische Bewegung ist der Schlagzeuger in der Lage, seine Technik nach „oben hin offen" zu etablieren, d.h. er wird in musikalischen Situationen kaum an seine technischen Grenzen stoßen. Er kann sich einzig und allein auf die musikalischen und kreativen Aufgaben konzentrieren. Das Paradoxon der „natürlichen" Bewegungen ist, dass sie in den seltensten Fällen ohne klares Konzept erlernt werden können. Daher ist sowohl eine theoretische Einsicht und Kenntnis als auch eine umfangreiche Übungssammlung die Voraussetzung, die Bewegungsabläufe richtig zu erlernen.

Zuerst möchte ich den Unterschied zwischen Matched Grip[11] und Traditional Grip betrachten. Da die ersten Schlagzeuger der Welt sich aus den amerikanischen Drumcorps rekrutierten, war es nur logisch, dass die Stockhaltung am Schlagzeug die gleiche war wie beim Marschieren. Die traditionelle Haltung war die einzige, die man kannte und konnte. Erst im Laufe der Zeit, durch Hinzunahme von immer mehr Trommeln und Becken am Schlagzeug, gingen die Schlagzeuger auf den Matched Grip über.

Beide Techniken funktionieren gut und sind heute noch präsent. Jede hat ihre Vor- und Nachteile. Der Traditional Grip ist in der Bewegung der linken Hand viel komplexer und schwieriger. Fingercontrol-Techniken sind mühsamer zu erlernen. Der Vorteil der traditionellen Technik liegt aber gerade in den unterschiedlichen Bewegungsabläufen der beiden Hände. Die linke Hand ist mit der rechten Hand überhaupt nicht vergleichbar, der Bewegungsablauf ist ein völlig anderer. Beim Matched Grip halten beide Hände die Stöcke exakt gleich. Daher merken auch die Matched Grip-Spieler die Unzulänglichkeit der linken Hand viel deutlicher als die Traditional Grip-Spieler. Durch die Nichtvergleichbarkeit der Hände lernen die Traditional Grip-Spieler leichter unabhängige und eigenständige Bewegungen der Hände als Matched Grip-Spieler. Die Stockhaltung der linken Hand beim Traditional Grip-Spieler ermöglicht auch, durch eine einfache Veränderung des Anschlagwinkels des Stockes, leise und leichte Schläge. Auch fühlt sich diese Haltung geschützter und intimer[12] an, als die Matched Grip-Haltung. Diese wiederum hat den Vorteil, dass das gesamte Schlagzeug einfach zu bespielen ist. Die Vergleichbarkeit der Hände kann helfen, die schwache linke Hand zu trainieren. Auch ist sie viel leichter zu erlernen. Wie man sehen kann, gibt es für beide Haltungen gute Gründe. Entscheiden muss das jeder für sich. Ein guter Dozent kann

---

11   matched = engl. paarig, zusammenpassend, grip = engl. Griff

12   In diesem Zusammenhang von „intim" zu sprechen, mag für den einen oder anderen Schlagzeuger sicherlich befremdlich wirken. Diesen Ausdruck habe ich allerdings schon von einigen Top-Jazzdrummern gehört. Diejenigen, die mit dieser Haltung Erfahrung haben, werden dies sicher ebenso sehen.

auch hier wertvolle Hilfestellung geben. Viele der weltbesten Schlagzeuger benutzen beide Techniken, haben jedoch meistens eine, die sie bevorzugen.

Gute Drummer spielen aus dem Handgelenk, heißt es immer wieder, so sieht es zumindest beim Zuschauen aus. De facto spielt ein guter Drummer nicht aus dem Handgelenk, sondern aus dem Unterarm[13]! Wie das geht? Nun, für das grundlegende Verständnis genügt eine einfache Übung: Man hält mit der linken Hand den rechten Unterarm fest und bewegt sein Handgelenk nach oben und unten. Dies wäre die Bewegung, wenn man tatsächlich nur aus dem Handgelenk spielen würde. Die Konsequenz dieser Art der Bewegung: Sie ist auf Dauer anstrengend und ermüdend. Nun schüttelt man die Hand ganz einfach aus, so wie es manche Schlagzeuger zwischen zwei Titeln tun, um ihre Hände wieder zu entspannen. Das lockert und entspannt. Und exakt so wird gespielt – einfach nur Ausschütteln. Dabei ist es zwingend notwendig, dass die Stockhaltung möglichst locker und mit den hinteren Fingern, also Mittel-, Ring- und kleinem Finger ausgeführt wird. Denn wenn man den Daumen mit dem Zeigefinger zusammendrückt, wie viele Drummer ihren Stock halten, so verkürzen sich die Sehnen und Muskeln bis zum Ellenbogen hin, und das Handgelenk wird steif.

Die Stockhaltung der Finger entscheidet also über die Lockerheit der Handgelenke. Eine lockere Haltung des Stockes ist daher unbedingt notwendig für ein lockeres Handgelenk. Der Zeigefinger fungiert dabei als Führungsfinger. Dies ist die moderne Standardhaltung. Der Winkel, mit welchem die Stöcke das Fell berühren, ist ein ebenso wichtiger Punkt. Möglichst parallel zum Fell sollte er sein, damit der Rebound optimal genutzt werden kann. Dazu kommt eine für viele Drummer sicherlich ungewöhnliche Denkweise. Man konzentriert sich nicht auf die Bewegung nach unten, auf das Schlagen, sondern auf die Bewegung nach oben. Fast alle Bewegungen werden also

---

13   Der Oberarm wird bei den meisten Bewegungen nur dazu verwendet, den Unterarm in die entsprechende Position zu bringen. Der Oberarm selbst wird bei den meisten Bewegungen nicht benötigt.

entgegen der Schlagrichtung gedacht. Das klingt ungewöhnlich, ist aber bei den Topleuten Routine.

Wenn man nun mit dieser Technik mit beiden Händen abwechselnd spielt, entsteht ein schöner gleichmäßiger Fluss von Schlägen. Leicht und locker muss es aussehen und so soll es auch klingen. Wenn man auf einem Pad diese Übungen macht, kann man den Eigenklang der Stöcke als eine Art Ton wahrnehmen. Dieser muss hörbar sein. Wenn man die Stöcke zu fest hält, können sie keine Eigenschwingung aufbauen und sie klingen gedämpft, ein sicheres Zeichen für eine zu feste Stockhaltung. Akzente werden durch eine peitschenartige Bewegung vollzogen. Im übertragenen Sinn ist dabei der Unterarm der Peitschenstock und das Handgelenk mit dem Stock die Schnur. Durch schnelles Hochziehen und durch die Lockerheit im Handgelenk tippt der Stock leise auf dem Fell auf, der sogenannte Up-Stroke. Der Unterarm schnellt hoch, dreht, und fällt (nicht schlagen!) nach unten – der laute Down-Stroke. Den leisen Schlag kann man auch als Einatmungsphase des Schlages bezeichnen. Diese Technik ermöglich ohne jeden Kraftaufwand akzentuierte in Verbindung mit extrem leisen Schlägen. Dadurch wird auch das Missverständnis beseitigt, man müsse stark oder „heftig" schlagen, um einen extrem lauten Schlag zu erzeugen. Lediglich die Geschwindigkeit, mit welcher der Stock auf die Trommel trifft, ist hierbei von Bedeutung, alles andere spielt keine Rolle. Je schneller der Stock beim Aufprall ist, desto lauter wird der Klang! (Kinetische Energie). Nicht die eingesetzte Kraft, sondern die geschickte und richtige Bewegung führt zum Ziel.

Speziellere Haltungen wie die Fingercontrol-Technik und schnellere Dreier- und Viererfiguren werden mit Hilfe eines genau definierten Drehpunktes zwischen Daumen und Zeigefinger ausgeführt. Im Einzelnen verweise ich hier wieder auf einen guten Lehrer.

Der Double Stroke Roll (Doppelschlagwirbel) wird folgendermaßen gespielt: Der erste Schlag kommt aus der Unterarmbewegung, der Stock springt danach zurück und öffnet dabei die Finger. Der zweite Schlag wird dann nur noch durch Ziehen der Finger ausgeführt. Das Handgelenk macht dabei keinerlei Bewegung. Der Unterarm geht exakt im selben Moment wieder nach oben. So entsteht ein wichtiges Prinzip: Eine Bewegung, zwei Schläge. Noch ein guter Tipp: Man übt den Double Stroke als sogenannten Inverse-Roll. Dabei ist der Doppelschlag um eine Stelle verschoben. Bei Sechzehnteln spielt man also statt RR-LL nun R-LL-R. Damit kommt jeweils der zweite Schlag auf die Viertel, was zur Folge hat, dass man automatisch rhythmisch auf den zweiten Schlag denkt.

Natürlich gibt für die Hände und Finger noch etliche weitere Ideen und Techniken, bis hin zu Einhandwirbeln, Cross-Sticking und akrobatischen Stocktricks. Die von mir skizzierten Techniken sind aber für jeden mit Hilfe eines guten Lehrers einfach erlernbar, in den meisten Situationen völlig ausreichend und durch die Konzeption „So locker wie möglich" auch nach oben hin offen.

III.5 Fußtechnik

Noch immer gelten schnelle und komplizierte Bassdrumfiguren als Gütesiegel von guten Drummern. Eine gute, ausgereifte und vor allem durchdachte Fußtechnik ist aber leider selten anzutreffen. Meistens werden die Schläge irgendwie aus dem Fuß herausgedrückt, ohne systematischen Ansatz und ohne dazugehörigem technischem und handwerklichem Know-how.

Dabei unterliegt die Fußtechnik dem gleichen Grundsatz wie die Handtechnik: So locker wie möglich. Eine gut eingestellte, professionelle Fußmaschine ist hierbei ein unbedingtes Muss. Ich rate von sämtlichen Billigprodukten ab. Eine Top-Markenmaschine, möglichst mit Trittplatte, sollte es schon sein. Denn wenn die Maschine das Entwickeln einer guten und lockeren Technik verhindert, ist man schnell frustriert und gibt auf. Abgesehen davon, dass es auch Drummer gibt, die ihren Füßen die Schuld am Nichtgelingen geben, dabei ist es die Maschine, die sie benutzen, die ein lockeres Spielen verhindert. Natürlich muss auch die beste Fußmaschine optimal auf den Spieler eingestellt sein. Hier wird man im Laufe der Zeit seine eigenen Einstellungen finden und auch wissen, worauf es ankommt. Manche arbeiten mit starker, andere wiederum mit einer lockeren Federspannung.

Einen Grundsatz kann es hier nicht geben, höchstens den, dass der Schlägel von der Seite betrachtet mindestens 60 Grad Neigung haben sollte. Dies ist bei allen top eingestellten Maschinen so, die ich unter den Füßen hatte. Ein weiterer Aspekt darf bei der Behandlung der Fußtechnik auf keinen Fall fehlen: Der Schlagzeugstuhl. Auch hier darf man keine Kompromisse machen. Er muss in jedem Fall absolut stabil und standsicher sein. Selbst das noch so kleine Wackeln bringt Unsicherheit ins Spiel und muss daher immer vermieden werden. Die Form der Sitzfläche spielt hierbei keine maßgebliche Rolle. Egal ob rund, eckig oder sattelförmig, erlaubt ist, was gefällt. Da ein professioneller Schlagzeugstuhl für den Transport zerlegbar sein muss, sind gute und stabile Stühle teuer. Ein in der richtigen Höhe abgesägter alter Klavierstuhl oder Barhocker kann hier ebenso gute Dienste leisten. Hauptsache, da wackelt nichts. Und mit „nichts" meine ich wirklich überhaupt nichts.

Grundsätzlich gibt es drei verschiedene Spielweisen für die Füße: Heel Up (Ferse oben), Heel Down (Ferse unten) und die Kombination aus beiden. Ich empfehle die Heel Down-Technik nur für extrem leises und wenig intensives Bassdrumspiel wie zum Beispiel bei ruhigen und weichen Swingtiteln. Als Technik der Wahl empfehle ich die Heel Up-Technik, denn nur bei dieser Technik kommt das ganze Bein zum Einsatz. Heel Down fühlt sich für mich so an, als ob ich nur mein Handgelenk benutzen könnte und nicht meinen ganzen Arm.

Um eine gute Fußtechnik zu etablieren, und um die grundsätzliche Herangehensweise von Heel Up zu verstehen, empfehle ich folgende Übung: Man sitzt auf einem Stuhl und stellt die Füße vor sich auf den Boden, in dem selben Winkel und Abstand, wie wenn man sie auf das Hihat- und das Bassdrumpedal stellen würde. Nun stellt man sich vor, dass unter der Ferse eine Reißzwecke locker mit der Spitze nach unten im Boden steckt. Diese klopft man nun mit der Ferse in den Boden. Die benötigten Muskeln sind lediglich Waden- und Schienbeinmuskulatur sowie diverse Muskelgruppen im Fuß. Es darf kein Muskel des Oberschenkels benutzt werden, das gesamte Bein ist völlig locker. Nach einer Weile steckt die Reißzwecke im Boden! Man macht wieder die gleiche Bewegung, nur, dass man diesmal die Reißzwecke in Gedanken aus dem Boden zieht.

Die Bewegung wird also konsequent in die umgekehrte Richtung gedacht. Dabei ist wiederum nur die Aufwärtsbewegung interessant, die Bewegung nach unten kommt durch das Fallenlassen des Beines zustande. Danach macht man diese Übung, ohne mit der Ferse den Boden zu berühren. Das ist ganz einfach und geht auch ziemlich rasch. Nun stellt man seinen Fuß mit dem Ballen auf das Fersenteil der Fußmaschine und wiederholt diese Übung. Der Bassdrumbeater bewegt sich dabei natürlich nicht. In kurzen Abständen rutscht man nun auf dem Pedal langsam nach vorne – der Schlägel der Maschine fängt an zu wippen. Man rutscht maximal zwei Drittel vor und siehe da, der Schlägel vollführt einzelne, völlig lockere und gleichmäßige Schläge, die exakt klingen. Man denkt dabei nicht an den Schlägelkopf und dessen Bewegung nach vorne, sondern lediglich an die eigene Ferse, und diese denkt man immer nur nach oben. Mir ist bewusst, dass viele Drummer mit dieser Technik keine Erfahrung haben, aber fast alle Spitzenleute führen sie so aus. Man denkt exakt die umgekehrte Bewegung: nicht den Schlägel in das Fell, sondern die Ferse nach oben! Mit dieser simplen Technik ist es möglich, unglaublich schnelle Einer-, Dreier- und Mehrfachschläge locker und ohne jede Ermüdungserscheinung auszuführen.

Das gilt selbstverständlich für beide Füße. Mit dem Doppelbasspedal sind mit dieser Technik Wirbel möglich, die genauso schnell gespielt werden können wie die Wirbel mit den Händen. Und das garantiere ich, denn schon so mancher Schüler hat mir in dieser Disziplin gezeigt, wie weit sich diese Technik entwickeln lässt.

Die Fuß-Doppelschläge[14] werden mit der sogenannten Slide[15]-Technik ausgeführt. Dabei wird durch ein Abspringen über die Ferse auf dem Pedal der erste und durch das Landen auf dem Pedal der zweite Schlag ausgeführt. Das geht unheimlich schnell und ist sehr effektiv. Wie schon für die Handtechnik erwähnt, ist auch hier ein guter Lehrer der ideale Ansprechpartner und er wird helfen, die Bewegungen im Einzelnen zu erlernen und zu etablieren.

III.6   Parallelitäten, Antagonisten und anderes

Es gibt drei Arten von Bewegungen, die unsere Gliedmaßen lernen müssen: die parallelen, die antagonistischen (Gegenbewegungen) und die völlig unabhängigen Bewegungen. Die parallelen oder synchronen Bewegungen können am Anfang dem Schlagzeuger helfen, gleichzeitige Schläge auf einfachem Weg und ohne Probleme auszuführen. Man kommt sehr schnell zu einem klanglich einigermaßen befriedigenden Ergebnis, wenngleich die meisten Grooves und Kombinationen, die parallel gedacht werden, nicht so

---

14   Auch der Double Stroke Roll mit den Füßen ist mit dieser Technik ohne Einschränkungen möglich.

15   Diese Technik müsste eigentlich Fly-Technik heißen, denn man rutscht (slide = engl. rutschen, schieben) nicht über das Pedal, sondern man fliegt darüber. Zeitlupenaufnahmen bestätigen dies. Würde man Schuhe tragen, die auf dem Pedal rutschen, so wäre diese Technik unmöglich, denn beim Landen während des zweiten Schlages muss der Fuß auf dem Pedal geradezu kleben. Ein Wegrutschen würde ein Gelingen dieser Technik verhindern.

richtig „auf der Zwölf"[16] klingen. Warum das? Bei den parallelen Bewegungen missachtet man die klangliche Ebene und unterstellt eine Beziehung, die es nur dadurch gibt, dass ich als Drummer diesen oder jenen Groove spiele, die aber in der Verteilung der Klänge an sich nicht enthalten sind. Daher werden sich diese Beziehungen, und sei es nur minimal, auch auf den Klang auswirken. Der betreffende Groove wackelt immer leicht. Diese Methode ist aber für den Anfang durchaus zu rechtfertigen und auch nicht zu verhindern, nur darf man nicht dabei bleiben.[17]

Die antagonistischen Bewegungen sind um einiges schwieriger. Hierbei handelt es sich um einander abwechselnde Bewegungen, beispielsweise rechte Hand und rechter Fuß im Wechsel. Wer diese Übung schon versucht hat, wird gemerkt haben, wie schwierig es ist, diese Figur schnell und sauber zu spielen, sodass nichts wackelt oder kratzt, und nur die Topleute können mit dieser Figur einen Wirbel spielen. Deshalb empfehle ich jedem Schlagzeuger, alle möglichen antagonistischen Bewegungen einzeln zu üben.

Das klingt im ersten Augenblick nach viel Aufwand, es sind aber tatsächlich nur zwölf Übungen. Man startet mit der rechten Hand und spielt abwechselnd mit dem rechten Fuß, mit dem linken Fuß und der linken Hand. Danach startet man mit der linken Hand und spielt alle Beziehungen durch. Danach linker Fuß und danach rechter Fuß.

Nun kommt sicher der Einwand, dass ja jede Übung zweimal gleich gespielt wird. Betrachtet man nur die Schlagabfolge, wäre dieser Einwand richtig. Aber es ist ein großer Unterschied, ob man die Bewegung rechte Hand mit rechtem Fuß mit der Hand startet oder umgekehrt mit dem Fuß. Denn

---

16   „Auf der Zwölf" meint einen klanglich wie rhythmisch perfekten und nicht mehr optimierbaren Groove. Die Amerikaner reden hier von „in the pocket", oft hört man auch Begriffe wie „auf der Schiene", „voll drauf" und ähnliches. Gemeint ist in jedem Fall das gleiche Phänomen. Kurz: Es geht nicht mehr besser.

17   Zur Unzulänglichkeit der parallelen Spielweise siehe mein Kapitel „Die Trennung der Klänge oder Das Ende der Parallelität".

das startende Gliedmaß ist der Bezugs- und Relativpunkt. Daher sind das zwei völlig unterschiedliche Übungen, obwohl es sich um die selben beiden Gliedmaßen handelt. Probiert es aus! Ihr werdet es erleben. Wer sich diese Übung zu Herzen nimmt und daran arbeitet, wird bei der gesamten Thematik Hand-Fuß-Kombinationen kaum mehr Schwierigkeiten haben.

Völlig unabhängige Bewegungen sind das Maximale, was wir erreichen können. Dies im eigenen Spiel zu etablieren, nämlich, dass unsere vier Gliedmaßen ganz unterschiedliche und voneinander unabhängige Bewegungen ausführen, ist nur den allerbesten Schlagzeugern vorbehalten. Es gibt selbstverständlich auch für dieses Gebiet viele Übungen und Konzepte, ich werde aber an dieser Stelle nicht näher darauf eingehen, denn sie sind zu speziell.

Hier nur eine einfache Übung zum Herantasten an dieses Themenfeld: Man spielt mit den Füßen eine ostinate[18] Figur, zum Beispiel eine Samba-Figur. Darüber spielen nun die Hände einfache Sechzehntelfiguren. Nun versucht man, aus den Sechzehnteln auszubrechen und völlig freie Figuren mit den Händen zu spielen. Es eignen sich dabei vor allem accelerando (schneller werdende) und ritardando (langsamer werdende) Figuren, in jedem Fall Bewegungen, die nichts mit der ostinaten Figur zu tun haben. Nach einiger Zeit gelingt dies, ohne dass sich die Fuß-Figur auch nur minimal ändert. Wir sprechen dann von einem Körperschnitt, in diesem Beispiel zwischen Händen und Füßen. Wir hätten also eine teilweise Unabhängigkeit zwischen den Händen und den Füßen erreicht. Das höchste Ziel ist:

*Mit jedem beliebigen Gliedmaß zu jeder beliebigen Zeit
jede beliebige Figur spielen zu können.*

---

18 lat.: hartnäckig, eigensinnig. In der Musik wird eine immer gleich bleibende Figur als Ostinato bezeichnet.

Leider bleibt das fast immer ein Wunsch. Aber da wir im Alltag als Schlagzeuger diese extreme Unabhängigkeit auch nicht benötigen, ist es nicht tragisch, wenn wir dieses Ziel nicht erreichen.

III.7   Ein weiterer technischer Aspekt: der Aufbau des Drumsets

Diesem eigentlich banalen Thema sollte man sich einmal in aller Ruhe widmen, denn ein gut auf den Schlagzeuger eingestelltes Drumset ist eine wichtige Voraussetzung, um die Trommelkunst erfolgreich lernen zu können. Ich habe schon an unzähligen Drumkits gesessen und mich gefragt, wie man auf solch einem Ding überhaupt spielen kann. Wenn wir im drum department einen Spitzendrummer zu Gast haben, dann kann man sehr genau beobachten, mit welcher Akribie diese Herren ihre Sets aufbauen. Das ist immer und tatsächlich ohne Ausnahme so[19]. Es hat einen guten Grund. Das Schlagzeug ist ein Instrument, das bei jedem Spieler anders aufgestellt sein muss. Es gibt kein anderes Instrument, bei dem das ebenso ist. Ein Klavier ist immer ein Klavier, da kann man nichts verändern. Unsere Bandkollegen an den Saiten haben detaillierte Einstellungsmöglichkeiten, aber so viele unterschiedliche Aufbaumöglichkeiten bietet nur ein Drumkit.

Es gibt zwei sich gegenseitig oft ausschließende Prinzipien, ein Schlagzeug aufzubauen: ein ökonomisches und ein optisches. Zuerst zum ökonomischen Prinzip. Hier gilt die Regel:

Der Schlagzeuger richtet sich nicht nach dem Aufbau des Drumsets, sondern der Aufbau richtet sich nach den Bewegungen des Schlagzeugers!

---

19   Meistens steht das Set schon vor Ankunft des Gastdozenten aufgebaut da. Manche Kollegen benötigen aber selbst dann noch fast zwei volle Stunden, das Set so zu optimieren, dass es für ihre individuellen Bewegungsabläufe passt.

Wenn man sich an diese Regel hält, kann man im Prinzip nicht viel falsch machen. Es wird wohl kaum einen Drummer geben, der an einem fremden Set nicht wenigstens die Grundeinstellungen korrigiert. Jeder hat ja seine eigenen Gewohnheiten.

Aber ich empfehle jedem Schlagzeuger, das ökonomische Prinzip einmal ganz bis ins Detail anzuwenden. Am besten geht man bei der Anpassung an die eigenen Bewegungen folgendermaßen vor: Man beginnt ganz von vorn. Zuerst setzt man sich auf den Schlagzeugstuhl und stellt die Beine bequem auf den Boden. Die Füße werden leicht nach vorne platziert. Die Oberschenkel sind ungefähr parallel zum Boden, die Knie nur in seltenen Fällen über der Höhe der Hüfte[20].

Nun hat man damit genau den Platz für Hihat und Bassdrum. Dazwischen stellt man die Snare. Die Höhe und die Position der Snare ergeben sich durch den Drummer: Sticks in die Hände, Arme hängen lassen, Unterarme anheben bis genau zum rechten Winkel der Oberarme. Dort, wo sich nun die Spitze der Sticks befindet, muss die Mitte der Snare sein. Das ist für manchen Drummer schon ungewöhnlich, denn meistens steht die Snare zu dicht vor dem Schlagzeuger. Bei gutem Aufbau können sich die Knie vor der Snare fast berühren, ohne dass die Sitzposition verändert werden muss. Nun stehen Snare, Hihat und Bassdrum in der richtigen Position.

Als Nächstes werden die Toms so aufgebaut, wie der natürliche Bewegungsablauf der Arme dies vorgibt: Von links nach rechts, ganz so, wie eine Tomfigur ausgeführt wird, ohne dass die Oberarme nach vorne oder hinten bewegt werden müssen. Und auch hier wird sich mancher wundern, an welcher Stelle ein Tom aufgebaut werden muss, damit man dieses Prinzip eins zu eins umsetzen kann. Wenn die Toms richtig positioniert sind, werden die Becken montiert. Hier gilt, dass der Drummer mit ausgestrecktem Arm – und in jedem Fall ohne Veränderung seiner Sitzposition – alle Instrumente

---

20   Eine individuelle Einstellung ist die Sitzhöhe. In dieser Sache kommt man durch Testen am weitesten. Im Laufe der Zeit wird jeder Schlagzeuger die Sitzposition und Höhe finden, die für ihn persönlich am bequemsten und komfortabelsten ist.

berühren kann. Geht dies nicht, ist unentspanntes Spiel die logische Konsequenz und kann auch nicht verhindert werden. Ihr könnt mir glauben, dass mit dieser Methode selbst riesige Drumkits aufgebaut werden können und alles noch sehr bequem und ohne Verrenkungen zu spielen ist. Natürlich geht es mit kleineren Sets einfacher und schneller, aber das Prinzip bleibt immer gleich. Wer sich damit einmal genügend Mühe gibt, wird merken, um wie viel einfacher und um wie viel komfortabler das Schlagzeug zu bedienen ist.

Nun noch zum optischen Prinzip: Immer wieder kommt es vor, dass Schlagzeuger ihre Sets wie bei Drummer XY gesehen aufbauen. Nun, bei Live-Shows ist die Optik des Drumkits oft ein zentrales Element des Bühnenaufbaus. In der Regel werden diese Sets von grandiosen Kollegen gespielt, die auch noch mit den unmöglichsten Aufbauten zurechtkommen. Meistens muss ein Kollege bei solchen Shows auch nicht an seiner technischen Grenze spielen. Daher kann hier ganz auf die Optik abgezielt werden. Die Optik ist aber kein guter Berater für den Aufbau eines Drumsets, mit dem man möglichst leicht und ökonomisch spielen lernen oder sich weiterentwickeln will. Meistens sehen die Drumsets dieser Kollegen, wenn sie im Studio oder bei Bandproben spielen, auch ganz normal und harmlos aus. Also: nicht verrückt machen lassen von unglaublichen Becken- und Tompositionen und von vier Bassdrums mit fünf Hihats[21].

---

21   Zum Drumset gehört natürlich auch das Thema: „Wie stimme ich ein Schlagzeug?" Meine Erfahrung hat mich gelehrt, dass dieses Thema nicht einmal in einem dreistündigen Seminar genügend behandelt werden kann. Daher verzichte ich hier auf ein weiteres Eingehen darauf, denn mit nur ein paar Hinweisen ist es nicht getan. Da beim Stimmen auch das Zuhören eine entscheidende Rolle spielt, ist das Medium „Buch" zur Erklärung nicht geeignet.

IV   Rhythmik

Nun kommen wir zum Herzstück des Schlagzeugspielens, der Rhythmik. Nach dem technischen Bereich wird es hier schon spannender und auch schwieriger. Die rhythmischen Grundlagen sind die entscheidende Voraussetzung für den spielerischen Erfolg. Diese Basis müssen alle Musiker, nicht nur die Schlagzeuger, hervorragend beherrschen. Ich werde oft gefragt, ob man gutes Rhythmusgefühl „von Natur aus" haben muss oder ob man es erlernen kann. Ich denke, dass bei normaler Begabung jeder lernen kann, sich in den rhythmischen Strukturen zurechtzufinden und diese gut wiederzugeben. Bei Spitzendrummern kommt natürlich eine überdurchschnittliche Begabung dazu, gepaart mit unglaublichem Fleiß. Allein eine gute Begabung nützt nichts, wenn man sie nicht entwickelt und ausbaut. Natürlich gibt es auch Menschen, die sich in diesen Dingen sehr schwer tun und nur langsam Erfolge erzielen können. Aber sie können trotzdem ebensolchen Spaß an der Sache haben wie die Topleute. Da wir Drummer allerdings als Rhythmusexperten gelten, genügt es nicht, die Sache nur über Grooves und Fills, Patterns und Kombinationen anzugehen. Eine tiefergehende Betrachtung ist vonnöten und dringend geboten. Ich werde nun im Folgenden versuchen, einen Über- und Einblick in diese Thematik zu geben.

IV.1   Was ist Rhythmus?

Wenn ich meinen Studenten oder Musikern bei einem Seminar die Frage stelle, was Rhythmus sei, sind die Antworten ebenso vielfältig wie leider oft auch falsch. Schauen wir uns also erst die Definition von Rhythmus genauer an: Die verschiedenen Erklärungen in den unterschiedlichsten Lexika[22], was Rhythmus sei, helfen uns Schlagzeugern erst einmal nicht so recht weiter.

---

22   Das Wort Rhythmus kommt aus dem Griechischen. Dort heißt es rhythmós und meint „der Fluss".

Auch unterliegt vieles im Alltag rhythmischen Abläufen: Herzrhythmus, Tag- und Nachtrhythmus, Biorhythmus, Rhythmus der Gezeiten, Planetenrhythmus, der Autoblinker, das Uhrticken und vieles andere mehr. Nur können wir daraus erst einmal keinen Nutzen ziehen. Wie auch?

Rhythmus ist für uns Schlagzeuger: Klangliche Ereignisse kehren periodisch wieder. So ist strenggenommen ein einfacher Clicktrack schon ein Rhythmus, obwohl wir umgangssprachlich in diesem Zusammenhang noch nicht von Rhythmus sprechen würden. Jedem Rhythmus liegt ein Metrum/Puls[23] zugrunde. Dieses Metrum ist in der populären Musik unveränderlich, wobei Ausnahmen selbstverständlich die Regel bestätigen (Half und Double Time, metrische Modulationen[24], Ritardando[25] u.a.). Die Tempoangabe erfolgt in bpm (= beats per minute) und wird mit dem Metronom gemessen und/oder angegeben.

Kurzer Einwand: Ein mechanisches Metronom, wie es noch immer oft auf Klavieren steht, ist für unsere Zwecke zu ungenau. Durch die Einführung des Computers und der ersten Drummaschinen Anfang der 80er Jahre in der Musik wurde das rhythmische Erleben auf die Genauigkeit von elektronischen und später digitalen Maschinen konditioniert. Dieses Metrum wird nun in kleinere Einheiten, die sogenannten Subdivisions oder Mikrostruktur, unterteilt. Entweder in zwei, vier, acht, sechzehn usw. Dann sprechen wir

---

23   Das Wort Metrum hat viele verschiedene Definitionen. Im „klassischen" Bereich bildet das Metrum die Taktschwerpunkte ab. Es ist zeitlich veränderlich. Da in der populären Musik das Metrum innerhalb eines Titels oder Rhythmus gleich bleibt, setzen wir Metrum mit dem Puls gleich. In der internationalen Literatur wird hier von „Beat" gesprochen. Die Metrumsangabe in beats per minute entspricht also dem Puls, dem Beat. Metrum und Puls/Beat werden also in unserem Sinne als ein und dasselbe verwendet, trotz möglicher und tatsächlicher Definitionsunterschiede.

24   Zu „metrische Modulationen" siehe mein Kapitel „Odd Times, metrische Modulation, Groove Displacement. Was es nicht alles gibt!".

25   Aus dem Italienischen, bedeutet bremsend, verzögernd, also ein allmähliches Verringern des Tempos. In der populären Musik fast nur am Schluss eines Stückes anzutreffen.

von binärer Rhythmik. Oder in drei, sechs, zwölf, der sogenannten ternären Rhythmik.

Diese beiden Strukturen, die binäre und die ternäre, sind die beiden großen rhythmischen Systeme. Fast immer steht ein Musiktitel in nur einer Struktur. Selbstverständlich gibt es auch Musikstücke, in der beide Systeme vorkommen. Diese beiden Strukturen haben, bedingt durch ihre fundamental unterschiedliche Wirkung, auch unterschiedliche Einsatzgebiete in den verschiedensten Stilistiken.

Die binäre Struktur klingt im Vergleich zur ternären etwas „eckiger" und „gerader". Daher stehen mehrheitlich die heftigeren und härteren Musikstile in der binären Struktur. Die ternäre Struktur hat eine weichere Komponente, sie „dreht" anders und ist in ihrer Wirkung weniger hart. Daher ist vor allem im Jazz/ Swing, aber auch bei eher softeren Titeln diese Struktur vorherrschend. Dies sind aber lediglich grobe Linien, die helfen können, diese Grundstrukturen besser zu verstehen und vor allem einzusetzen. Ich empfehle jedem Schlagzeuger, sich fundamental mit diesen beiden Strukturen auseinanderzusetzen. Im Laufe der Zeit entwickelt man sein eigenes Gefühl dafür, was unumgänglich ist und einen guten Schlagzeuger ausmacht.

IV.2   Takt

Ein Takt[26] ist eine gedachte Einheit, die die Musik bzw. den Rhythmus logisch und in sich stimmig einteilt. Er ist in erster Linie ein Kommunikationsinstrument, mit dessen Hilfe wir Musiker über Musik sprechen können. Dass manchmal ein und derselbe Rhythmus in unterschiedlichen Taktarten aufgeschrieben werden kann, macht die Sache für Anfänger nicht leicht, zeigt aber, dass eine Taktart nicht automatisch einem Musikstück zugeordnet werden kann. Sagt der Bassist zum Schlagzeuger: „Spiel mal einen Vier-

---

26   Auch die Definition von Takt ist im musikalisch wissenschaftlichen Sinne eine andere. Aber diese hier auszuführen würde für unseren Kontext keinen Sinn machen.

vierteltakt". Antwort: „Habe ich schon, es steht bei mir eine Pause drin!".
Die gebräuchlichsten Taktarten sind Vierviertel, Dreiviertel, Sechsachtel
und Zwölfachtel. Ungerade Taktarten behandle ich in einem eigenen Kapitel. Soweit ich nichts anderes erwähne, stehen sämtliche Übungen in diesem
Buch im Viervierteltakt. Und noch etwas gibt es zum Takt zu sagen: Es gibt
den sogenannten „Schreibmaschineneffekt". Diesen Effekt beobachte ich bei
vielen Anfängern wie auch fortgeschrittenen Schlagzeugern.

Bedingt durch die Notation eines Grooves in der typischen eintaktigen
Form springt der Schlagzeuger, wenn er einen aufnotierten eintaktigen Groo-
ve abliest, mit den Augen vom Ende des Taktes wieder nach vorne, an den
Anfang. Er wiederholt quasi diesen Takt. Dieses „Immer wieder von vorne
spielen" ist letztlich wieder ein Denkmuster, das es so eigentlich nicht gibt.
Man kann zeitliche Abläufe nie wiederholen, denn Zeit ist ein Kontinuum.
Daher ist eine „Wiederholung" von Musik völlig ausgeschlossen.

Die Wiederholungszeichen in Notationen dienen lediglich der Transparenz
des Notenbilds und der Verdeutlichung des Arrangements, aber bei einem
Groove oder einem Rhythmus wiederholt sich nichts. Ein Rhythmus geht
immer weiter. Die Vorstellung einer Wiederholung, vor allem die einer taktweisen, bringt, wenn oft auch nur unmerklich, einen zeitlichen Versatz in das
Spiel. Ganz so, wie man früher Schreibmaschine geschrieben hat: die Zeile
zu Ende und dann, ratsch, wieder an den Anfang der nächsten. Deshalb nenne ich das den Schreibmaschineneffekt.

Viele Drummer sind sich dieses Effekts nicht bewusst. Ihr Spiel klingt aber
dadurch immer ein wenig eingeteilt, wie aus kleinen Einzelstückchen zusammengesetzt. Der Effekt ist manchmal wirklich deutlich und eine Erkenntnis
desselben bringt sofort Besserung. Manchmal ist dieser Effekt aber so gering, dass er kaum bemerkt wird. Nichtsdestotrotz verändert er den gesamten
Fluss eines Grooves zum Nachteil, und das sollte nicht sein.

IV.3   Notenbaum

Ein Takt lässt sich in unterschiedliche kleinere Einheiten aufteilen. Diese entsprechen den Subdivisions, der Mikrostruktur des Metrums. Ein Notenbaum ist eine Übersicht der Taktunterteilungen, beginnend mit einer ganzen Note, und er endet meistens bei Zweiunddreißigstel oder gar Zweiunddreißigsteltriolen. Ich empfehle jedem Rhythmiker, sich mit diesem Notenbaum sowohl theoretisch als auch praktisch intensiv zu beschäftigen.

Das direkte „Umspringenkönnen" von einer zur anderen Mikrostruktur ist ebenso ein Muss wie die Kenntnis und Einordnung von sämtlichen rhythmischen Strukturen. Ich habe viele Übungen mit dem Notenbaum entwickelt und erarbeitet. Jeder kreative Rhythmiker kann mit Hilfe des Notenbaums unzählige Übungen erfinden. Beispiele gefällig?

Jede Mikrostruktur eintaktig nacheinander spielen, danach immer eine Zeile überspringen, danach zwei Zeilen überspringen. Die Wechsel verkürzen, alle zwei Viertel ein oder zwei Sprünge, danach jedes Viertel ein Sprung. Dann das Ganze noch in unterschiedlichen Tempi. Noch ein konkretes Beispiel für eine knackige Notenbaumübung?

Man spielt eine Figur, z.B. Triolen, und singt bzw. spricht eine andere Mikrostruktur-Reihe vor sich hin. Wenn das gut funktioniert, dann spielt man auch mit den Händen diese Figur und spricht wieder eine andere, und immer so weiter. Das kann ganz schön knifflig und schwierig werden. Aber man sieht, es gibt mit diesem einen Blatt Übungen ohne Ende. Und ich bin mir sicher, dass jeder sich selbst weitere ausdenken kann. Dieser Notenbaum, dieses eine Blatt, begleitet uns Drummer durch unser gesamtes Trommlerleben. Und mit der Zeit wird es einer unserer besten Freunde. Garantiert.

IV.4   Rhythmische Basis der binären und ternären Strukturen

Wie schon erwähnt, sollte jeder Schlagzeuger diese grundlegenden Strukturen internalisieren. Wir Drummer müssen in der Lage sein, jede einzelne Mikrostruktur/Subdivision, egal ob binär oder ternär, direkt anzuspielen, sowie sämtliche systematischen Gruppen zu kennen und zu können. Das ist bei Weitem nicht so viel, wie es sich anhört, aber umso wichtiger, dass man alle Übungen perfekt beherrscht. Und mit perfekt meine ich *wirklich* perfekt.

Immer wieder treffe ich auf erfahrene und auch routinierte Drummer, die in dieser Grunddisziplin nicht besonders gut ausgebildet sind. Das wirkt sich natürlich auch auf deren Spiel aus. Die Übungen dafür sind denkbar einfach und in jedem guten Lehrbuch enthalten. Es sind die fundamentalen Systeme unserer Rhythmik.

Die einfachste Übung ist die „Vier über Vier". Die erste Zahl meint die Gruppe, die zweite die Struktur. „Über Vier" steht demnach für binäre (Sechzehntel) und „über Drei" steht für ternäre (Triolen) Strukturen. Nun kann man die Gruppe einfach z.B. mit einem Akzent markieren. Bei dem genannten Beispiel „Vier über Vier" wären das also Sechzehntel, wobei jedes vierte Sechzehntel einen Akzent bekommt. Diese Grundübung wird dann nach dem Prinzip der Permutation[27] verändert, damit man alle möglichen Startpunkte übt. Insgesamt gibt es daher nur acht Grundübungen: „Vier über Vier", „Drei über Vier", „Fünf über Vier" und „Sieben über Vier" sowie „Zwei über Drei", „Drei über Drei", „Vier über Drei" und „Fünf über Drei".

Diese Übungen sind fester Bestandteil einer jeden rhythmischen Ausbildung und müssen von Anfang an gelernt werden. Leider werden sie jedoch oft falsch verstanden und dann falsch erarbeitet und geübt. Zur Veranschau-

---

27   Unter Permutation versteht der Mathematiker die Veränderung der Reihenfolge. Wir permutieren immer nach dem Prinzip, das letzte Element einer Reihe an den Anfang einer Reihe zu setzen. Alle anderen Elemente werden dadurch eine Stelle nach hinten gerückt. Der exakte mathematische Begriff meint eine Veränderung der Reihenfolge mit sämtlichen Möglichkeiten. Wir nehmen immer nur die genannte, um eine Systematik zu erhalten.

lichung hier ein konkretes Beispiel mit der „Drei über Vier"-Gruppe: Man spielt Viertel auf der Bassdrum, Sechzehntel „hand by hand", also abwechselnd, auf der Snare. Nun wird jedes dritte Sechzehntel akzentuiert. Wenn man diese Übung nun nicht als „turn around" (taktweise wiederholen), sondern „unendlich" weiterspielt, so entsteht zeitgleich zu unserem Viertelfuß mit der Bassdrum ein neuer, schnellerer Puls aus den Snareakzenten. Dieser neue Puls muss in jedem Fall in sich eigenständig sein. Die Akzente dürfen nicht vom Viertelfuß aus immer wieder neu bezogen werden, sondern der Drummer muss in der Lage sein, beide Pulse nebeneinander zu hören und zu empfinden.

Wenn man das beherrscht, kann man während des Spielens „umklappen", d.h. man zählt einfach die Snareakzente als neue Viertel. Dann befindet man sich in der ternären Rhythmik und die Akzente der Bassdrum spielt man im Verhältnis Vier über Drei dazu. Wenn dies gelingt, spielt man in der Tat polyrhythmisch und nicht einfach Akzente über Sechzehntel.

Das Ergebnis ist ebenso erstaunlich wie verblüffend. Diese „Polyrhythmik" gilt selbstverständlich für alle Systeme. Bedingt durch die Systematik wird ein umfassendes rhythmisches Fundament eingeübt. Da die Anzahl der Übungen überschaubar ist, kann man diese bequem erarbeiten. Diese fundamentale Ausbildung an den beiden großen Strukturen „Binär" und „Ternär" ist unabdingbar, um sich in den rhythmischen Spannungsverhältnissen sicher bewegen zu können.

Das Schöne an diesen Übungen ist auch, dass man sie tatsächlich überall proben kann. Man braucht kein Schlagzeug und keine Stöcke, um sich auf diesem fundamentalen Gebiet zu tummeln. Die Hände und eine Tischplatte genügen vollauf. Man kann also immer und überall etwas für seine rhythmischen Fähigkeiten tun. Und das sollte man auch.

IV.5   Subdivisions, wie sie nicht im Buche stehen

Viele Musiker sind der Meinung, dass die Unterteilungen der Notenwerte des bekannten Notenbaums die Gesamtheit der uns zur Verfügung stehenden Strukturen darstellt. Dem ist aber nicht so. Es gibt nahezu unendlich viele Unterteilungen. Warum das so ist?

Ganz einfach: Der normale Notenbaum hat eine innere Logik unterhalb der Viertel. Zwei Unterteilungen innerhalb eines Viertels sind Achtel, drei sind Triolen, vier sind Sechzehntel, fünf sind Quintolen, sechs sind Sechstolen, sieben sind Septolen, acht sind Zweiunddreißigstel. Unterhalb der Halben sieht das schon anders aus: Eine Halbe ist eine Unterteilung pro halber Takt, dann kommen zwei Viertel, drei Vierteltriolen, vier Achtel und nun springt die Systematik auf sechs Triolenachtel. Es fehlen also fünf in der Zeit von einer Halben. Nach den sechs Triolenachteln springt die Systematik auf acht Sechzehntel. Es fehlen sieben usw. Man kann also noch viele weitere Unterteilungen eines Taktes herbeiführen. Natürlich kann auch jede andere Zeitspanne, wie zum Beispiel die „Drei über Vier"-Figur, neu unterteilt werden. Das kommt in der Spielpraxis tatsächlich oft vor.

Die Ideen dahinter sind aber fast immer Bewegungsideen und keine rhythmischen, denn unser Gehör hat für die vielen ungewöhnlichen Subdivisionen keine Auflösungsmöglichkeit. Es orientiert sich nur an den bekannten Dreier- und Vierergruppen. Versucht unser Gehör zum Beispiel, Septolen zu erkennen, so hat es dazu kaum eine Möglichkeit, es sei denn, der Hörer ist selber fähig, diese Mikrostruktur zu spielen und ist daher rhythmisch besonders gut ausgebildet. Für ein normal ausgebildetes Gehör jedoch klingen diese Unterteilungen ungewöhnlich und irgendwie komisch. Daraus resultiert der Lehrsatz:

Nur die Dreier und Vierer sind wichtig!

Denn nur diese beiden Strukturen werden in unserer Musikkultur eingesetzt[28]. Diese beiden klingen für unser Gehör richtig und gut. Andere Strukturen dagegen lösen Unverständnis aus, und zur gelungenen Kommunikation gehört immer die gute Verständlichkeit. Ohne das Verstehen einer rhythmischen Figur klingt diese sehr schnell beliebig und erreicht den Zuhörer nicht mehr emotional. Selbstverständlich ist hier auch das unbewusste Verstehen gemeint, wie es bei den meisten Musikhörern der Fall ist.

Die wenigsten Zeitgenossen wissen über die sich ereignenden rhythmischen Strukturen Bescheid, können aber doch ziemlich treffsicher beurteilen, ob ein Musikstück und im Besonderen ein Rhythmus ihnen gefällt oder nicht.

Ein besonderes Konzept der ungewöhnlichen Mikrostrukturen möchte ich hier noch erläutern: Das „Landing Point"- Konzept[29]. Bei diesem Konzept platziert man zwischen einer bekannten und einfachen Figur einen bestimmten, eingeübten Bewegungsablauf. Man landet also auf bestimmten rhythmischen Punkten. Daher der Name. Bedingt durch dieses System kommen die unglaublichsten rhythmischen Figuren zustande.

Ein Beispiel aus der Praxis: Man erarbeitet die Kombination RH-LH-LH-RF-LF. Eine Fünferkombination. Diese Kombination startet mit der rechten Hand und wird gleichmäßig gespielt. Wenn die rechte Hand nun immer auf den Vierteln eines Taktes startet oder auch landet, bekommt man als Mikrostruktur logischerweise Quintolen. Startet die rechte Hand auf den Achteln, so wird die Figur zur Dezimole (zehn Schläge pro Viertel). Startet man diese Figur auf der Vierteltriole, so bekommt man eine ziemlich ungewöhnliche Mikrostruktur, in unserem Fall 30 Schläge pro Takt! Diese Mikrostruktur liegt also zwischen den bekannten Sechstolen (24 Schläge pro 4/4 Takt) und

---

28   Ich habe bisher noch kein populäres Musikstück gehört, dessen Mikrostruktur auf Quintolen oder Septolen aufgebaut war. Nochmals zur Verdeutlichung: Die Mikrostruktur hat nichts mit der Taktart zu tun. Ungerade Takte wie Siebener oder Fünfer kommen vor.

29   Engl. für Landepunkt, Aufsetzpunkt.

Für die Einführung in dieses und andere Konzepte bedanke ich mich bei Michael Strunk, einem der besten Analytiker des Schlagzeugspielens, die ich kenne.

den gewöhnlichen 32teln. Der Effekt ist beeindruckend, und wenn diese Figur transkribiert in einem Fachmagazin steht, sieht das auch unglaublich wild aus. Die Idee ist aber bei solchen vertrackten Figuren immer die Bewegung an sich, also der Bewegungsablauf einer Figur, und nie die daraus resultierende rhythmische Figur.

Diese entsteht quasi „zufällig", als Resultat der Bewegung. Das wird leider oft so nicht erkannt, und der leicht überforderte Leser einer solchen Transkription fragt sich zu Recht, wie man so eine wilde Figur rhythmisch erarbeiten kann. Dies funktioniert auch tatsächlich nur über die angewandte Bewegung, aber dann wird es relativ einfach. Ein weiteres, einfaches Beispiel für den Bewegungsansatz ist folgendes:

Man spielt einen einfachen Triolenfluss, immer RH und LH im Wechsel. In diesem Fall wechseln die Schläge, die auf den Vierteln liegen, immer ebenso abwechselnd von rechts nach links. Völlig einfach. Wenn man nun nur für die Dauer einer Viertel die Triolen zu Sechstolen verdoppelt will, und man führt diese mit RH-LH im Wechsel aus, so vertauscht man den Handsatz der Triolen, die danach kommen. Logisch, da Sechstolen eine gerade Anzahl von Schlägen sind. Wenn nun die Prämisse gilt, dass die Viertel immer auf wechselseitigen Schlägen liegen sollen, wählt man statt der Sechstole die Quintole. Sie ist eine ungerade Figur, daher bleibt der Handsatz gleich, immer abwechselnd RH und LH auf den Vierteln. Der klangliche Unterschied ist ab einem gewissen Tempo völlig zu vernachlässigen und nicht zu bemerken.

Die Figur an sich ist sehr einfach zu spielen, und man behält den gleichen Handsatz auf den Vierteln bei – ein schönes Beispiel dafür, wie die Bewegung die Mikrostruktur bestimmt und nicht die rhythmische Idee die Bewegung. In unserem Beispiel ist die musikalische Idee ein Wirbeleffekt innerhalb eines einfachen Triolenflusses. Dieses „Landing Point"-Konzept hat ein enormes Potential, auch die ungewöhnlichsten Strukturen zu verwirklichen. Gerade bei Hand-Fuß-Kombinationen können hier unglaublich komplexe und rhythmisch höchst vertrackte Figuren völlig einfach und konzeptionell klar entwickelt werden. Auf dem rhythmischen Landepunkt liegt unsere musikalische Konzentration, die Schläge dazwischen übernimmt die eingeübte Bewegung. Das ist Trommelkunst allererster Güte.

IV.6   Der hierarchische Aufbau der angewandten Rhythmik oder Das Ende der Korrektur

Sämtliche Grooves, Rhythmen, Patterns und Fills, die wir Drummer spielen, sind nach dem gleichen hierarchischen System aufgebaut. Als rhythmische Basis fungiert immer das Metrum, der Puls, ein steter, gleichmäßiger Grundschlag. Über diesen Grundschlag spielen wir nun die unterschiedlichen Subdivisions, die Mikrostrukturen wie Triolen, Sechzehntel usw., wobei die Subdivisions wiederum immer gleich in der zeitlichen Abfolge sein müssen.

Ein Beispiel: Viertel auf der Bassdrum und Sechzehntel auf der Snare im taktweisen Wechsel mit Triolen, Handsatz „hand by hand". Und damit haben wir schon gleich mehrere Probleme: Erstens muss das Tempo der Bassdrum im Idealfall die Genauigkeit eines digitalen Metronoms haben. Die Topdrummer machen es uns vor, es gilt absolute Genauigkeit. Nun müssen die Hände die Sechzehntel und Triolen exakt auf diese Viertel-Bassdrum setzen, wobei die Sechzehntel und Triolen jeweils immer die gleichen Abstände zueinander haben sollen. Es darf keinen zeitlichen Versatz geben.

Soweit die Theorie. In der Praxis gestaltet sich so eine „einfache" Übung schon als ziemlich schwierig, wenn man ein erstklassiges Ergebnis erreichen will. Das liegt oft an der falschen Vorstellung der Hierarchie. In jedem Fall folgen die Subdivisions dem Puls, nie umgekehrt. Die relative Bezugsgröße der Hände ist in diesem Fall immer der Fuß, der ja den Puls abbildet. Man spielt die Hände also in Relation zum Fuß und nie umgekehrt. Betrachten wir nun die Hände genauer, so werden wir feststellen, dass die meisten Schlagzeuger sogenannte Korrekturschläge ausführen. Am deutlichsten wird dies beim Wechsel der Sechzehntel zu den Triolen. Die zweite gespielte linke Hand der Triolen spielt die Zählzeit Zwei exakt zusammen mit der Bassdrum. Bei den Sechzehnteln trifft ja immer die rechte Hand zusammen mit dem Fuß. Diesen Schlag der Zählzeit Zwei, die linke Hand gemeinsam mit dem rechtem Fuß, nenne ich Korrekturschlag. An dieser Stelle orientieren sich viele Drummer.

Nun die Problematik: Werden die Triolen zu schnell angegangen, der Korrekturschlag aber richtig gesetzt, so verlängert sich die Periode vom dritten zum vierten Triolenachtel. Im umgekehrten Fall, wenn die Triolen zu langsam angegangen werden, verkürzt sich dieser Abstand. In jedem Fall tritt ein zeitlicher Versatz auf, der den Fluss der Triolen stört und der zu hören ist. Das Problem tritt nur dann nicht auf, wenn die Triolen absolut exakt gestartet werden. Eine Zufallsmethode also, die nicht praktikabel ist. Das Problem ist daher der Korrekturschlag selbst. Die Lösung liegt darin, dass man auf diesen Korrekturschlag verzichtet und die Triolen als das sieht, was sie sind: eine eigenständige Periode über den Vierteln. Wenn man beim Spielen also feststellt, dass die linke Hand knapp vor der Zählzeit Zwei spielt, dann dehnt man die folgenden Triolenschläge langsam, damit die nächste Eins wieder stimmt.

Im umgekehrten Fall, wenn die Zählzeit Zwei mit der linken Hand zu spät gespielt wird, zieht man die darauf folgenden Triolen etwas an. In jedem Fall müssen die Triolen in sich flüssig und stimmig sein.

Daher sind sämtliche Korrekturschläge zu unterlassen. Ich weiß, dies ist anfangs schwierig, aber die Mühe lohnt sich, denn das Ergebnis spricht für sich. Der hierarchische Aufbau ist also immer: Metrum/Puls und darauf unsere Subdivisions, wobei jede für sich einen eigenen, nie durch zeitlichen Versatz gestörten Fluss aufweisen muss. Das Ergebnis klingt dann auch wirklich exzellent.

IV.7   Mathematik oder Die Grenzen der Theorie

Einen Punkt möchte ich nicht unerwähnt lassen, da er immer wieder auftaucht und für Verwirrung sorgt: Schlagzeugspielen mit Hilfe von mathematischen Strukturen.

Kurz erklärt bedeutet dieses Konzept entweder die Zusammensetzung von Zweier-, Dreier- und Vierergruppen zu komplexen Grooves oder Patterns bzw. Licks oder man konstruiert mit dem kleinsten gemeinsamen Vielfachen komplexe polyrhythmische Strukturen wie zum Beispiel „Vier gegen Drei", „Fünf gegen Sieben" und Ähnliches. Diese Konzepte sind natürlich zur Konstruktion geeignet und helfen auch, komplexe Rhythmen zu erarbeiten und zu erlernen. Sie mögen auch dem ein oder anderen als Kreativkonzept dienen. Als musikalische Konzepte taugen sie aber recht wenig, denn wenn der Schlagzeuger auf der Denk- und Gefühlsebene dieser zur Konstruktion genutzten mathematischen Ebene bleibt, so wird sich dieses Denken in seinem Spiel niederschlagen. Immer. Das lässt sich nie ganz vermeiden, denn Rhythmus und Klang sind ja immer ein Zusammenspiel von Spannungsverläufen. Die Struktur eines auch noch so komplexen Rhythmus' muss, um exzellent zu klingen, von dem Protagonisten internalisiert werden. Erst wenn der Spieler die Spannungszusammenhänge fühlt, kann er diese Spannungen spielerisch umsetzen.

Ein Beibehalten der mathematischen Struktur verhindert aber genau dieses. Der mathematische Ansatz funktioniert also nur als theoretisches Konstrukt, aber nie als spielerische Anwendung. Genauso wenig, wie ein guter Redner während eines Vortrages auf grammatikalischer Ebene denkt, diese aber während seiner Vorbereitung eine wichtige Rolle spielt. Ein Mittel zum Zweck bleibt ein Mittel und darf nicht zum Selbstzweck werden.

IV.8   Die Trennung der Klänge oder Das Ende der Parallelität – Horizontale und vertikale Denkmuster

Stellen wir uns einmal vor, dass drei Schlagzeuger einen einfachen Groove aufgeteilt spielen sollen. Drummer eins spielt nur die Bassdrum auf Eins und Drei. Drummer zwei spielt die Snare auf Zwei und Vier und Drummer drei spielt durchlaufende Achtel auf der Hihat. Diese drei Schlagzeuger haben, damit der Groove richtig losgeht, ein elementares Problem: Jeder hat seinen eigenen Puls und irgendwie müssen diese drei Pulse synchronisiert werden. Wir unterstellen einmal, dass die drei Schlagzeuger wissen, wie sie das Problem lösen können: Sie werden einen von ihnen bestimmen, der den Puls vorgibt. Dies wäre fast immer der Drummer, der die Bassdrum spielt. Daran orientieren sich die anderen beiden Kollegen, und wenn sie das gut machen, geht der Groove knackig los. Jeder der drei Drummer konzentriert sich auf seine eigene Figur, in Relation zum Puls, der ja in unserem Beispiel vom Bassdrumspieler vorgegeben wird. Es finden daher logischerweise keine Interaktionen zwischen den Drummern statt, jeder konzentriert sich auf seine Figur und den Puls. Das muss so sein.

Wenn ein einziger Drummer alle drei Instrumente spielt, hat er dieses entscheidende Problem nicht: Er hat logischerweise nur einen Puls. Wenn er also die drei Instrumente Bassdrum, Snare und Hihat jeweils zu seinem Puls, seiner „Internal Clock"[30] spielt, muss er sich keine Gedanken machen, ob die Schläge, die zusammen kommen sollen, auch zusammen kommen, denn wenn jedes Gliedmaß seine Figur richtig zum Puls platziert, dann stimmen auch die Beziehungen untereinander exakt. Der Groove steht wie eine Eins. Und der daraus resultierende Lehrsatz lautet:

Es gibt keine Relativbezüge der Instrumente untereinander. Sämtliche Parallelbewegungen müssen abgeschaltet, sämtliche Korrekturschläge müssen entfernt werden!

---

30   Zur „Internal Clock" siehe das entsprechende Kapitel.

Jedes einzelne Instrument muss seine Figur im Verhältnis zum Puls spielen, nie im Verhältnis zu den anderen Instrumenten. Dieses Konzept geht so weit, dass aus einem Sechzehntelfluss, gespielt „hand by hand", zwei Achtelflüsse werden, wobei der Achtelfluss der linken Hand um ein Sechzehntel nach hinten verschoben ist. Jede Hand spielt für sich einen Achtelfluss. Das klingt spitze, und wie!

Natürlich gibt es zu diesem Konzept auch Ausnahmen und Abweichungen. Es gibt etliche Handfiguren, die nur gemeinsam gedacht sinnig gespielt werden können, unzählige Kombinationen, bei welchen andere Konzepte die Basis bilden. Aber die Grundaussage, dass jedes Gliedmaß und jeder Klang seinen eigenen Fluss hat, trifft fast immer zu.

Ein weiteres Phänomen möchte ich in diesem Zusammenhang noch erläutern. Der Sinn von parallelen Bewegungen soll ja der sein, dass diejenigen Klänge zusammen gespielt werden, die zusammen gespielt werden sollen. Das fordert von unserem Hörvermögen die notwendige Auflösung der Klänge, denn wenn man nicht hören würde, ob dieser Klang mit jenem exakt zusammen klingt, dann würde es ja auch keinen Sinn ergeben, es zu tun.

Gleichzeitige Klänge können aber nur bei fast gleichem Klang exakt gehört werden. Wenn man beide Hände auf einem Rim spielt, so ist der Klang fast identisch und wir hören auch einen ziemlich leichten Versatz. Die Figur flamt, wir hören also einen leichten Vorschlag. Bei gleichem Klang und wenn dieser extrem kurz ist, entsteht dieses Phänomen ab 3 bis 5 Millisekunden. So fein ist die Auflösung des (geübten) menschlichen Gehörs. Wie ist das nun aber mit unterschiedlichen Klängen?

Bei Grooves und Fills haben wir es in der Regel nicht mit gleichen Klängen zu tun, sondern gerade mit extrem unterschiedlichen. Bassdrum, Snare und Hihat unterscheiden sich klanglich doch erheblich, daher ist die Auflösung unseres Gehörs um vieles schlechter. Zumal manche Sounds wie zum Beispiel ein Cymbal, eine „Einschwingphase" besitzen, die eine genaue zeitliche Feststellung des Beginns oder gar des klanglichen Höhepunkts unmöglich macht. Ein Schlagzeuger muss also die Bassdrum gemeinsam mit einem Becken extrem weit auseinander spielen, damit wir diesen Effekt hören können. Bei nur knappen Verschiebungen fällt dies mit zwei so unterschiedlichen Klängen überhaupt nicht ins Gewicht.

Wichtig ist in diesem Beispiel, dass die Bassdrum als perkussiveres Instrument exakt auf dem rhythmisch richtigen Punkt sitzt. Mir ist klar, dass diese Sichtweise viele Kritiker auf den Plan ruft, denn ich stelle mich hier gegen die allgemein gültige Auffassung. Ich bin mir aber völlig sicher und erlebe es oft, dass mit der Aufgabe der parallelen Bewegungen ein starker musikalischer Ausdruck und eine überraschende Verbesserung des Grooves einhergeht.

Denn durch die richtige Art zu denken wird unseren Hörgewohnheiten eher Rechnung getragen, als durch eine rein theoretische Betrachtung. Ein Groove wird dann richtig gedacht, wenn man ihn horizontal denkt, also jede klangliche Ebene, jedes Instrument für sich, und nicht vertikal. Bei der vertikalen Denkweise werden die Gliedmaßen immer gleichzeitig gedacht, die auch gleichzeitig erklingen. Nur die horizontale Denkweise führt nachweislich zum Erfolg. Ich habe noch keinen Spitzendrummer getroffen, der das nicht so macht, und hier trennt sich oft die Spreu vom Weizen.

Spielt ein Schlagzeuger vertikal, wird er maximal ein gutes Ergebnis erreichen, nie, und ich betone: „nie" ein wirklich exzellentes. Der Groove wird immer ein ganz klein wenig wackeln.

Horizontales Denken, also jede klangliche Ebene für sich, sichert den klanglichen Erfolg, und die Grooves bekommen eine unglaubliche Macht. Probiert es aus.

IV.9   Groovende Übungen, die ins Bewusstsein dringen

Um dieses Konzept der Trennung der Parallelbewegungen zu erlernen, habe ich im Laufe der Jahre einige ebenso einfache wie effektive Übungen entwickelt. Man spielt einen einfachen Groove, bei welchem alle vier Gliedmaßen mit von der Partie sind. Beispiel: Achtelfüße im Wechsel, linke Hand Snare auf Zwei und Vier, rechte Hand auf der closed Hihat oder dem Ridebecken.

Die Aufgabe lautet, immer zu spielen, man darf nie aufhören. Nun beginnt man mit dem rechten Fuß. Zuerst konzentriert man sich auf die Bewegung, man denkt und fühlt sich sozusagen in den Körper hinein. Dabei fängt man in der Leiste an und arbeitet sich „gefühlsmäßig" in den Oberschenkel, dann über den Unterschenkel vor bis in die Zehenspitzen. Bin ich locker? Fühlt sich diese Bewegung geschmeidig an? Ist es bequem? Gibt es unnötigen Muskeldruck? Wenn man das gesamte Bein und den Fuß „erfühlt" hat, betrachtet man sich genau. Sieht es locker aus, sind unnötige Bewegungen dabei? (Ein Spiegel leistet hier, wie so oft, gute Dienste). Nach dem Fühlen und dem Sehen hören wir auf das Ergebnis. Klingt es gleichmäßig, so wie ich es mir vorstelle?

Nach dem Hören wechselt man zum zweiten Gliedmaß und so weiter, bis man alle Gliedmaßen einzeln unter die Lupe genommen hat, immer in der Reihenfolge: Fühlen, Sehen, Hören. Wenn alle vier Gliedmaßen einzeln erfasst sind, so fängt man mit den Zweierbeziehungen an. Hierbei versucht man, dieselben Ebenen zu durchlaufen, nur mit zwei Gliedmaßen gleichzeitig. Beispiel rechter Fuß mit rechter Hand, danach rechter Fuß mit linker Hand, rechter Fuß mit linkem Fuß. Danach linker Fuß mit rechter Hand, linker Fuß mit linker Hand usw. Wenn alle Zweierbeziehungen durch sind, kommen die Dreierbeziehungen dran. Danach denkt man alle vier Gliedmaßen gleichzeitig. Und ich kann garantieren, danach spielt man den Groove so gut, wie man ihn noch nie gespielt hat. Nun sollte man versuchen, sich diese Kombination aus Fühlen, Sehen und Hören zu merken. Wenn man das nächste Mal diese Übung durchspielt, kommt man schon schneller in dieses gute Kombinationsgefühl. Und irgendwann kann man den Groove genauso starten. Das klingt! Und immer daran denken, den Groove ohne Korrekturschläge und Parallelbewegungen zu spielen. Die Übung dauert manchmal bis zu zwei Stunden, d.h. man spielt den Groove exakt immer gleich zwei Stunden lang ohne Pause und beschäftigt sich nur mit den genannten Ebenen. Das bringt es total und das Ergebnis ist in jedem Fall verblüffend!

IV.10   Auch mal ausschalten

Auch eine zweite Übung hat sich für diese Thematik etabliert: Das Ausschalten einzelner Gliedmaßen. Wiederum ganz einfach aber höchst effektiv: Man spielt einen beliebigen Groove und hört mit jeweils einem oder mehreren Gliedmaßen einfach auf zu spielen. Die Gliedmaßen, die weiterspielen, dürfen sich in ihrer Bewegung und in ihrem Klang auf keinen Fall ändern, auch nicht, wenn die pausierenden Gliedmaßen wieder einsetzen. Jedes Gliedmaß spielt ja seine Figur zum inneren Puls und darf daher nicht in Beziehung zu anderen Gliedmaßen gesetzt werden. Die parallelen Bewegungen müssen hierbei völlig abgeschaltet werden.

Dies zu erarbeiten ist mit Hilfe dieser Übung möglich. Sie kann auch eine wichtige Hilfe sein, um zu merken, welche parallelen Bewegungen, welche Verbindungen der einzelnen Gliedmaßen noch zu stark sind und bei welchen die Parallelität verschwunden ist. Probiert es aus, ihr werdet sehen, es ist gar nicht so einfach. Wenn man es mit einem einfachen Groove beherrscht, dann wechselt man zu einem komplexeren. Ich finde es erstaunlich, wie stark diese parallelen Bewegungen uns als Schlagzeuger das Leben schwer machen. Sie sind ein fester Bestandteil unseres täglichen Lebens und deshalb müssen wir auch so zielgerichtet und hart an uns arbeiten, um diese Bewegungen abzustellen. Sobald sich jedoch der Erfolg einstellt, wird man mit einem tollen Ergebnis belohnt: Die Grooves klingen unglaublich. Sie stehen wie eine Eins.

IV.11 Die innere Uhr

Die sogenannte „Internal Clock", die innere Uhr, meint die Fähigkeit eines Schlagzeugers, eine Art Metronom in sich zu tragen, welches ganz ohne äußere Einflüsse immer stabil bleibt. Eine exakte innere Uhr zu entwickeln ist somit eine der Hauptanforderungen an einen Drummer und einen Rhythmiker. Die Ganggenauigkeit dieser Uhr entscheidet über rhythmische Präzision und Schlamperei. Es gibt zahlreiche Übungen, um diese Uhr exakt und genau stellen zu lernen. Man darf sich die innere Uhr nicht als Geräusch vorstellen, sondern eher als eine Art innerer Impuls, ein Gefühl. Es sitzt, nach allem was ich auch von sehr berühmten Drummern in Erfahrung bringen konnte, in der Bauchgegend[31] und nicht, wie manche meinen, im Kopf. Die innere Uhr hat, wie kann es auch anders sein, zwei Aspekte: Makro- und Mikrotiming. Jeder Rhythmiker muss im Laufe der Zeit seine eigene Uhr entwickeln und festigen, seine eigene Art, seine individuelle Beziehung zu den rhythmischen Strukturen mit Hilfe dieser Uhr zu etablieren.

Dieser Punkt ist mir ganz wichtig. Es geht bei der Entwicklung der eigenen inneren Uhr um eine ganz individuelle Herangehensweise. Manche Schlagzeuger haben sie schon zu Beginn des Erlernens des Instruments stark ausgeprägt, andere tun sich damit schwer. An dieser Stelle würde ich am ehesten von Begabung sprechen, denn wer überhaupt keine innere Uhr entwickeln kann, wird nie ein auch nur halbwegs guter Rhythmiker werden. Das ist aber zum Glück äußerst selten der Fall. Meine Erfahrung zeigt, dass durch die richtigen Übungen jeder gewaltige Fortschritte machen kann, um seine innere Uhr zu entwickeln und zu festigen. Wichtig ist auch hier wieder, dass die Übungen sorgfältig gewählt und individuell angepasst werden.

---

31   Ich habe unzählige Schlagzeuger, auch die weltbesten, zu dieser Frage interviewt. Die Mehrheit lokalisiert die „Internal Clock" im Bauch, wenngleich auch einige dazu keine genaue Angabe machen konnten. Äußerungen wie „ein unbestimmtes Gefühl" und ähnliche helfen im pädagogischen Umfeld wenig. Daher die Lokalisierung.

Die Topleute unter den Drummern haben eine starke innere Uhr, die so stabil läuft, dass sie rhythmisch quasi nie falsch spielen können. Sie machen natürlich auch Spielfehler, nur wirken diese sich rhythmisch nicht aus. Es ist so unwahrscheinlich, dass einem Topschlagzeuger ein rhythmischer Patzer passiert, wie es unwahrscheinlich ist, dass ich stolpere, während ich zur Bushaltestelle gehe.

Die Entwicklung der inneren Uhr ist eine langwierige Angelegenheit und geht nie von heute auf morgen. Sie ist ein Prozess. Im ersten Schritt wird versucht, die innere Uhr hörbar zu machen, im zweiten Schritt wird versucht, sie nur noch innerlich zu empfinden. Ich möchte hier exemplarisch zwei Übungen vorstellen, die sich bei dieser Thematik als hilfreich erwiesen haben:
Die „Achtelfuß-Übung" und das „Mitsprechen des Pulses". Die Achtelfuß-Übung ist äußerst simpel, dafür aber extrem effektiv. Man spielt einen durchgehenden Achtelbeat mit der Bassdrum. Darüber spielt man einen beliebigen Groove mit Fills.
Ziel der Übung ist, dass der Achtelfuß, der ja die innere Uhr quasi hörbar macht, keinen einzigen zeitlichen Versatz hat und auch dynamisch immer völlig gleich klingt. Das hört sich nicht besonders schwer an. Wenn man aber mal exakt auf den Fuß achtet, der das Bassdrumpedal betätigt, so wird man feststellen, dass er, und sei es noch so gering, auf das reagiert, was man mit den Händen spielt.
Die eingeübten Parallelbewegungen machen uns auch hier wieder einen Strich durch die Rechnung und nur wirklich gute Drummer können mit dem Fuß völlig ohne Verbindung zu den Händen gleichmäßig spielen. Erst wenn das gelingt, kann man davon ausgehen, dass ein Teil des Konzeptes der inneren Uhr verwirklicht ist, denn solange kein einziges Gliedmaß in der Lage ist, die innere Uhr abzubilden, hat sie natürlich wenig Sinn. Auch die zweite Übung ist recht simpel: Man spielt verschiedene Grooves und Fills und spricht dazu immer die Viertel laut und deutlich, und vor allem rhythmisch exakt vor sich hin. Man wird feststellen, dass auch diese Übung nicht wirk-

lich einfach ist, denn sobald man vertracktere Figuren spielt, springt das laute Mitzählen automatisch auf die rhythmische Figur. Und das darf natürlich nicht passieren.

Mit dieser Übung wird also versucht, die innere Uhr über das Sprechen hörbar zu machen. Da sie ja unabhängig und als Fundament immer gleich „ticken" muss, sollte der Schlagzeuger auch in der Lage sein, diese Uhr jederzeit mit Worten hörbar zu machen. Immer wieder habe ich Studenten im Unterricht, die sich mit dem lauten Mitzählen schwertun. Viele sind hier blockiert und schämen sich fast ein bisschen. Ich empfehle jedem, laut und vor allem präzise zu zählen. Es gibt keinen Grund, sich zu schämen. Im Gegenteil, wer wirklich sauber und präzise laut mitzählen kann, überzeugt den Zuhörer von der Ganggenauigkeit seiner inneren Uhr. Wer sich damit schwertut, hat eine wirklich gute und fundamental wichtige Übung für sich gefunden. Nun könnte man annehmen, dass mit der Entwicklung und Festigung der inneren Uhr der rhythmische Entwicklungsprozess seinen Abschluss findet. Doch dem ist leider nicht so. Die innere Uhr hat, je nach Stilrichtung, wieder unterschiedliche Ausprägungen. Wie diese sich auswirken, möchte ich in den nächsten beiden Kapiteln erläutern.

IV.12 Ein anderer Stil, eine andere Basis oder Warum spielen wir eigentlich so schlecht Salsa?

Sicher ist diese Feststellung nicht besonders originell. Die meisten Schlagzeuger tun sich schwer, afrokubanische Musik wirklich authentisch zu spielen. An den technischen Fähigkeiten kann es nicht liegen, denn so kompliziert sind die Rhythmen ja auch wieder nicht. Woran aber dann?

Bei den bisher genannten Übungen, Systemen und Rhythmen ist die Basis immer ein gleichmäßiger Puls. Auf diesem Puls platzieren wir also Klänge, die ihrerseits den speziellen Rhythmus ausmachen. Unsere rhythmische Basis ist in jedem Fall dieser Puls.

Wie verhält sich das nun mit afrokubanischen Rhythmen? Ist das dort genauso? Bevor wir uns dieser Frage zuwenden, untersuchen wir erst noch einmal die Schwerpunkte der Pop- und Rockrhythmen. Diese Betrachtung zeichnet allerdings nur die ganz groben Linien nach, ist aber für das Verständnis wichtig. Um zu verdeutlichen, wie stark und gewaltig eine internalisierte rhythmische Basis ist, hier ein Beispiel:

Stellen wir uns Ritchie Blackmore vor, den Gitarristen von Deep Purple. Als er den berühmten Gitarrenriff von „Smoke On The Water"[32] komponierte, hatte er diesen auf das ihm eigene rhythmische Gefühl, seine rhythmische Basis hin gemacht. Diese ist, wie bei allen Rockmusikern, ein gerader Puls mit der Betonung auf zwei und vier. Wenn man nur dieses Gitarrenintro hört, hört man unweigerlich diese Schwerpunkte[33], vorausgesetzt natürlich, dass man sich in dieser Art Musik auskennt. Man kann es ja mal versuchen. Einfach den Anfang des Stückes anhören und mitklatschen. Zuerst auf Viertel, dann Eins und Drei und zum Schluss Zwei und Vier. Und es ist ganz klar, das Mitklatschen auf Zwei und Vier passt als rhythmisches Fundament zu dem Gitarrenriff am besten. Man könnte also sagen, dass dieser Riff in Zwei und Vier steht. Das ist eigentlich offensichtlich, denn ein Gitarrist wie Blackmore spielt ja sein Leben lang Rockmusik und hat diese rhythmischen Schwerpunkte verinnerlicht.

Die rhythmische Basis eines Stückes oder einer Phrase, das rhythmische Fundament, muss also nicht direkt hörbar sein – trotzdem ist es da und bestimmt die Verteilung der musikalischen Ereignisse. Das gleiche Prinzip wirkt auch in der afrokubanischen Musik. Nur ist dort die rhythmische Basis kein

---

32   "Smoke On The Water" von Deep Purple, auf der LP Machine Head, 1972

33   Die Unterscheidung der Akzente auf Zwei und Vier als Downbeat, im Unterschied zur Eins und Drei, die man als Upbeat bezeichnet, tut für unsere Betrachtung hier nichts zur Sache. Mir ist nicht die wissenschaftliche Definition und Unterscheidung wichtig, sondern das direkte Erleben und Empfinden eines Musikers zum gespielten Rhythmus. Daher rede ich hier von Schwerpunkten, obwohl die Musikwissenschaft diese anders definiert.

gleichmäßiger Puls wie bei uns, sondern die sogenannte „Clave-Figur"[34]. Diese Figur hat im Unterschied zu unserer Rhythmik eine Zweiteilung. Wir können uns dieser Figur nur nähern, indem wir sie in Relation zu unserem rhythmischen Verständnis darstellen. Die Clave-Figur ist also für uns eine zweitaktige 4/4 tel-Figur: Im ersten Takt sind dies die Schläge auf den Zählzeiten „Eins", „Zwei und", und „Vier" und im zweiten Takt auf den Zählzeiten „Zwei" und „Drei". Die sogenannte „3:2 Clave"[35].

Der fundamentale Unterschied zu unserer Rhythmik ist eben diese Zweiteilung und das daraus resultierende Spannungsverhältnis „tension and release", wie die Amerikaner es nennen, also Spannung und Entspannung. Das bedeutet, dass ein afrokubanischer Musiker in seinem Inneren genau diese Clave-Figur spürt und empfindet. Und genau darauf wird die Musik aufgebaut bzw. komponiert. Ebenso wie der Gitarrenriff von Ritchie Blackmore in Zwei und Vier steht, dem ursprünglichen Rockrhythmus, so stehen die Phrasen und Rhythmen der afrokubanischen Musiker in einer solchen Clave-Figur. Das macht den fundamentalen Unterschied aus. Wenn wir also diese Art von Musik spielen, läuft in unserem Inneren unsere eigene rhythmische Basis ab, nämlich unser gleichmäßiger Puls. Auf diesen setzen wir nun die Clave-Figur. In unserem Fall ist die Grundlage eben nicht die Clave-Figur sondern der von uns zugrunde gelegte Puls, auf welchen wir die Clave-Figur setzen. Für einen Musiker aus Kuba ist in seinem Inneren nicht der gleichmäßige Puls das rhythmische Fundament, sondern genau diese Clave-Figur. Da diese das Spannungs- und Entspannungselement in sich trägt, wirkt sich das natürlich auch direkt auf die gespielte Musik aus.

Diese Spannung können wir mit unserer Methode der Relativierung der

---

34   Das Wort Clave kommt aus dem Spanischen und bedeutet „Schlüssel". Diese Figur ist also der rhythmische Schlüssel zum Verständnis dieser Musik.

35   Im Speziellen ist dies die Son-Clave. Es gibt auch noch weitere Arten von Clave-Figuren: die Rumba-Clave und die 6/8tel Clave. Alle Clave-Figuren können auch als „Zwei-Drei"-Figuren vorkommen. Diese Variationen spielen aber für die grundsätzliche Betrachtung keine Rolle. Daher erläutere ich sie hier nicht.

Clave-Figur auf den Puls so nicht spielen. Im besten Fall können wir versuchen, sie zu imitieren, wobei es meistens doch nur bei dem Versuch bleibt. Wer sich also mit dieser Art der Musik auseinandersetzen will, der kommt um eine fundamentale Veränderung bzw. Erweiterung seines inneren rhythmischen Gefühls nicht herum. Das ist natürlich ein langwieriger Prozess und kann nicht damit abgetan werden, dass man weiß, wie die Clave-Figur klingt oder wie man dieses oder jenes Pattern zu spielen hat. Die Spannungsverläufe werden sich nie authentisch anhören

Erst wenn man bereit ist, sich dieser anderen Art der rhythmischen Basis zu öffnen und diese zu internalisieren, wird sich der Erfolg einstellen. Im Umkehrschluss ist natürlich auch klar, dass ein Musiker mit afrokubanischer Herkunft sich mit unseren geraden, pulsorientierten Musikstilen schwertut. Er steht in der Gefahr, dass er seine grundsätzliche Zweiteilung auch in unsere Rhythmik einfließen lässt, was dazu führt, dass diese eigentlich geraden und stabilen Grooves eine eigenartige, unnatürliche Spannung bekommen, die sie a priori nicht haben.

Am Beispiel der afrokubanischen Musik wird deutlich, wie stark sich das verinnerlichte rhythmische Fundament auf die Musik auswirkt. Erst wenn ein Musiker sich auf dieser Basis verändert und sich entwickelt, wird er in der Lage sein, den ein oder anderen Musikstil authentisch zu spielen. Nur mit dem reinen Wissen, wie diese oder jene Figur, dieser oder jener Groove zu spielen ist, ist es nicht getan. Direktes, fundamentales Wissen und Erfahren, Üben und Entwickeln sind die Voraussetzungen. Alle anderen Versuche bleiben oberflächlich und klingen oft sogar lächerlich.

IV.13 Pop und Klassik, Volksmusik und Techno

Am Beispiel der afrokubanischen Musik haben wir mit aller Deutlichkeit gesehen, wie sich unsere rhythmische Basis auf unser Spielen auswirkt. Wie ist das nun innerhalb unserer eigenen Musikkultur? Gibt es da auch solche Unterschiede? Oder können wir uns innerhalb desselben Kulturkreises musikalisch hin- und herbewegen, ohne unsere grundlegende Rhythmik verändern zu müssen? Das wäre doch angenehm. Um diese Fragen zu beantworten, schauen wir uns erst einmal die theoretischen rhythmischen Ansatzpunkte der großen Musikstile unserer Kultur[36] an. Ich unterscheide der Einfachheit halber zwischen Klassik[37], Volksmusik[38] und Popmusik[39].

In der Volksmusik tritt als vorherrschende Rhythmik ein gerader Puls ohne große Spannungsverteilung in Erscheinung, ebenso in der volkstümlichen Musik. Gerade Grooves, völlig ohne Spannungsverläufe. Mitschunkeln und Mitklatschen geschieht ohne Ausnahme auf den Vierteln.

Die Popmusik bedient sich da schon anderer Strukturen. Rock und Funk bauen durch extreme Betonung der „Zwei" und „Vier" eine wirkliche Spannung zwischen den Vierteln auf. Swing und traditioneller Jazz haben auch die „Zwei" und „Vier" als Schwerpunkte, die Spannung ist jedoch nicht so stark ausgeprägt wie in der Rockmusik. Hip Hop, Heavy, Rap, Indie und wie sie alle heißen haben je nach Stil mal etwas mehr, mal etwas weniger Spannung, bleiben jedoch innerhalb der grundlegenden Rhythmik. Im Techno finden wir oft Stücke, die ohne „Zweier"- und „Viererspannung"

---

36 Mit unserer Musikkultur meine ich die europäische und nordamerikanische.

37 Ich verwende hier den alltagssprachlichen Begriff von Klassik, der die Gesamtheit der abendländischen Kunstmusik bezeichnet. Sie wird oft als E-Musik (= Ernste Musik) im Unterschied zu U-Musik (= Unterhaltungsmusik) bezeichnet. Ich halte diese Abgrenzung jedoch für überholt und unangebracht.

38 Volksmusik ist streng genommen das Liedgut eines Volkes. Die „Hitparade der Volksmusik" müsste daher eher „Hitparade der volkstümlichen Musik" heißen. Ich verwende den Begriff für diese beiden Arten von Musik.

39 Unter Popmusik verstehe ich Popularmusik in allen Schattierungen. Eine detaillierte Aufzählung und Benennung der einzelnen Stile würde den Rahmen sprengen und ist für diese Betrachtung auch nicht notwendig.

auskommen und die nur den Viertelpuls, meistens ziemlich flott, darstellen. In der klassischen Musik sind die Schwerpunkte dagegen anders verteilt: Hier ist die Eins schwer, die Zwei leicht, die Drei wieder schwer (aber etwas leichter als die Eins) und die Vier wieder leicht. Hier herrscht eine andere Verteilung der Spannungsverhältnisse. Und nun haben wir auch schon das Problem: Klassische Musiker, die lange und intensiv ihre Musik gespielt haben, haben diese Schwerpunkte völlig internalisiert. Sie tun sich daher schwer, einen knackigen Rockrhythmus zu spielen oder einen amtlichen Funkgroove[40].

Dagegen haben Popmusiker oft Schwierigkeiten, die Spannungsverhältnisse der Rhythmik eines klassischen Werkes so darzustellen, wie es eigentlich richtig wäre. Und das, obwohl wir in allen drei großen Stilen – Volksmusik, Klassik und Pop – die gleichen Unterteilungen (Subdivisions) benutzen, die gleichen Taktarten einsetzen und die gleichen rhythmischen Strukturen verwenden. Die Basis ist jedoch für alle Stile immer unterschiedlich. Hier ist es, genau wie bei der afrokubanischen Musik, nicht damit getan, dass man die entsprechenden Grooves und Patterns, Licks und Rhythmen kennt und spielen kann. Man muss gleichzeitig auch an der Basis arbeiten, um einen Stil authentisch zu spielen.

Selbstverständlich ist das innerhalb dieser drei großen Musikstile einfacher zu bewerkstelligen, da die Parallelitäten vielfältiger als bei der afrokubanische Musik sind. Aber auch innerhalb unserer eigenen Musikkultur ist die Beschäftigung mit diesen grundlegenden Strukturen unerlässlich. Eines ist mir bei dieser Thematik besonders wichtig:

Wie ich schon mehrmals betont habe, stelle ich hier nur ganz grobe Linien

---

40   Bei vielen klassisch ausgebildeten Musikern findet sich folgendes Problem: Rhythmische Ereignisse, die betont nicht auf den gewohnten Schwerpunkten liegen, können nicht exakt wiedergegeben werden. Daher sind alle Rhythmen, die ungewöhnliche Schwerpunkte haben, für diese Musiker schwer zu spielen. Bedingt durch das genaue Zeitraster der Popmusik kommt für diese Musiker noch ein weiteres Problem hinzu.

dar. Einzelne Stile haben oft auch innerhalb ihrer stilistischen Grenzen verschiedene rhythmische Strukturen, die sich zum Teil erheblich voneinander unterscheiden. Ich will in dieser Betrachtung darauf hinweisen, dass der engagierte Schlagzeuger sich nicht nur mit den Rhythmen und Grooves an sich befasst, sondern immer auch auf die Suche nach den fundamentalen Strukturen geht, die diesem oder jenem Titel zugrunde liegen.

Dies kann und soll er auch bei jedem einzelnen Musikstück machen. Er wird merken, wie er sich dadurch weiterentwickeln kann. Reines Wissen, was man wo wie spielt, kann diesen Prozess nicht ersetzen. Ebenso wie eine Sprache regionale und soziologische Unterschiede aufweist, so hat auch die Sprache „Musik" viele Unterschiede in ihrer Ausprägung.

Und das falsche Wort zur falschen Zeit kann einem Redner zum Verhängnis werden, egal aus welchen Motiven heraus es gesagt wird. Genauso verhält es sich bei der Sprache „Musik". Erst wenn man sein Reden/Spielen an seine augenblickliche Umgebung anpassen kann, also die gleiche Sprache spricht, funktioniert die Kommunikation reibungslos. Und das klingt dann auch besonders gut.

V Stilistik

V.1   Welche Parameter wir haben

Nun kommen wir also zur Königsklasse, dem Zusammenführen von Technik und Rhythmik am Drumset. Das mag für manchen Drummer eine durchaus einfache Angelegenheit sein, denn es ist ja sowieso festgeschrieben, wie man den ein oder anderen Groove spielt, nämlich mit Hihat, Snare, Bassdrum, oder mit Ride, Snare, Bassdrum, oder etwa nicht? Diese Informationen kann man ja auch aus der umfangreich vorhandenen Literatur ziehen.

Wenn es nur so einfach wäre! Stilistik meint nicht nur, auf welchem Instrument ich welche Figur spiele, sondern vor allem auch, *wie* ich diese spiele. Daher erst einmal noch eine grundsätzliche Betrachtung der veränderbaren Werte, die uns zur Verfügung stehen. Der fundamentale Ansatz des Schlagzeugspielens lautet: Wann schlage ich wo und wie drauf? Das mag lächerlich einfach klingen, ist aber gleichzeitig die Beschreibung einer der grundsätzlichsten Konzeptionen. Wir haben als Schlagzeuger nur drei Parameter zur Verfügung: Dynamik, Orchestrierung, Tempo.

Unter Dynamik verstehen wir das Verhältnis von lauten und leisen Schlägen, also dynamische Bewegungen und Akzente. Unter Orchestrierung versteht man die Wahl des Instrumentes, auf welchem man spielt. Die Sichtweise, dass ein Schlagzeug aus mehreren Instrumenten besteht, quasi ein kleines Orchester darstellt, ist dabei sehr hilfreich. Unter Tempo verstehen wir in diesem Zusammenhang das Metrum/Puls sowie die gewählten Subdivisions.

Diese drei Parameter, abgekürzt nennen wir sie D.O.T., exzellent zu beherrschen ist die Königsklasse. Die Topdrummer setzen exakt hier die Meilensteine, denn wichtig ist nicht die Komplexität einer Figur oder die Virtuosität der Schlagabfolge, sondern die Virtuosität der Interpretation einer Figur. Mit Hilfe dieser drei Parameter kann auch eine völlig simple Schlagfolge unglaublich gut klingen. Daher ermuntere ich jeden meiner Schüler, an der Interpretation zu arbeiten und nicht der Idee zu verfallen, dass die Anzahl der Licks und Patterns, die man sich im Laufe seiner Karriere erarbeitet, der Schlüssel zum musikalischen Erfolg ist. Man sollte immer nach der Prämisse handeln, wie es klingt. Daher auch der wichtige Lehrsatz:

Entwickle Virtuosität in der Interpretation einer Figur!

V.2   Orchestrierung oder Wie bringe ich das Ding zum Klingen?

Wenn Virtuosität in der Interpretation einer Figur liegt, dann gehört zu dieser Interpretation natürlich und in erster Linie die Orchestrierung. Wie platziere ich meine Schläge? Wie stark schlage ich worauf? Individuelle Kreativität ist gefragt. Jeder kann und soll seine eigenen Figuren entwickeln und perfektionieren. Die Entscheidung, welche Klangkombinationen gut klingen und welche Klänge sich nicht so sehr vertragen liegt einzig und alleine beim Musiker. Da aber viele Schlagzeuger gerade hier noch wenig Erfahrungen gesammelt haben, werde ich einige Anregungen für clevere und kreative Orchestrierungen geben.

Eine erste einfache Idee lautet: nicht mit beiden Händen auf ein Instrument. Das sieht man immer noch recht häufig. Die Hände der Schlagzeuger bewegen sich parallel über das Drumset. Man gewinnt viel Klang, wenn man dieses Muster aufbricht und die Hände unterschiedlich auf das Schlagzeug verteilt. Dabei sucht man immer Klänge, die zusammenpassen.

Eine weitere Begrenzung der Drummer liegt in der Gewohnheit, gleichzeitig mit Beckenschlägen auch immer die Bassdrum zu spielen. Besser ist, man spielt die Becken wie die Toms, nicht automatisch mit der Bassdrum zusammen. Man sollte also immer versuchen, die gewohnten Bewegungen aufzubrechen und jedes Instrument am Schlagzeug als das sehen, was es ist: ein Instrument für sich, ein eigener Klangerzeuger. So ist man in der Lage, ungewöhnliche Klänge aneinander zu reihen und neue Kombinationen zu entwickeln. Ganz nach dem Motto: Erlaubt ist, was gefällt. Das Gehör des Musikers entscheidet.

Noch eine weitere Idee zu diesem Thema gefällig? Bitte sehr: Geometrische Formen. Man legt bei diesem Konzept imaginäre geometrische Formen auf sein Instrument, beispielsweise ein Dreieck und folgt diesen gedachten Linien. So entstehen völlig neue und ungewöhnliche Bewegungsmuster. Man kann natürlich auch mehrere Formen gleichzeitig auf das Set „legen" und auch verschiedene Formen miteinander kombinieren, zum Beispiel ein

Dreieck und ein Viereck. Immer wieder kommt man damit zu neuen Linien und neuen Bewegungsabläufen und somit auch auf neue Klangmuster. Jeder, der das schon einmal ausprobiert hat, weiß, wie hilfreich diese Denkmuster sind. Der Kreativität sind keine Grenzen gesetzt.

Nun kommt regelmäßig der Einwand, dass man mit einem kleinen Schlagzeug[41] eingeschränktere Orchestrierungsmöglichkeiten hat. Wer so denkt, hat noch nicht recht verstanden, worum es bei Orchestrierungen geht. Es geht nicht einfach um verschiedene Klänge, die man mit Stöcken anspielen kann, sondern es geht um die Art und Weise, wie ein Musiker aus dem ihm zur Verfügung stehenden Instrument Musik zaubern kann.

Und für diejenigen, die das noch nicht erlebt haben: Wer einmal einen der absoluten Spitzenleute nur an einem Übungspad gehört hat, wird wissen, was ich meine. Auch mit nur einem Pad können diese Musiker ganze Geschichten erzählen. Orchestrierung behandelt also die Thematik, wie man die gespielten Figuren in eine klanglich reizvolle und interessante Ordnung bringen kann.

Eine wichtige Orchestrierungsübung möchte ich hier noch erwähnen. Baut doch einmal bei euerem Drumset die Snare ab und versucht, interessante Figuren zu orchestrieren. Das ist beim ersten Mal ungewöhnlich und schwierig. Die meisten Schlagzeuger werden merken, wie sehr sie auf die Snare fixiert sind. Das Set ohne die Snare fühlt sich nicht komplett an, kaum eine der eingeübten Figuren geht noch zu spielen. Oder man baut nach dem nächsten Gig nur die Becken auf, und schaut einmal, was man damit alles machen kann. Auch das Trio, die Basis unseres Sets – Bassdrum, Snare, Hihat – eignet sich

---

41   Oft kommt auch das Argument, dass das zur Verfügung stehende Instrument qualitativ nicht gut sei, man könne also keinen guten Klang entwickeln. All diese Entschuldigungen dienen lediglich dazu, die eigene Unzulänglichkeit zu kaschieren. Ich habe Spitzendrummer an unglaublich schlechten Schlagzeugen spielen sehen, und der Klang war hervorragend. Entscheidend ist nicht, welche Klangkörper zur Verfügung stehen, sondern welche Fähigkeiten ein Musiker mitbringt, um mit den ihm zur Verfügung stehenden Instrumenten eine musikalisch hochwertige Darbietung zu spielen. Selbst wenn es nur leere Farbeimer sind!

schon hervorragend, um Schläge differenziert zu platzieren und um zu verstehen, was Orchestrierung bedeutet. Ihr werdet sehen, das kommt erstaunlich gut.

V.3   Flussübungen

Es gibt kaum eine Übungsmethode, die so viele Bereiche zusammenfasst, wie die Flussübungen. Sie vereinen alles, was ein moderner Schlagzeuger können und entwickeln muss. Sie stellen gleichzeitig das Fundament der stilistischen Übungen dar und sind der Einstieg für diese Art Übungen. Konzeptionell simpel, aber klanglich sehr ausdrucksstark, ermöglichen diese Übungen das Entwickeln und Verfestigen der zwei großen rhythmischen Systeme „Binär" und „Ternär", sie helfen, die Mikro- und Makrostruktur auszubilden und eignen sich hervorragend, um kreative Konzepte auszuprobieren und zu erlernen.

Die Parallelität von Rhythmik, Technik und Stilistik dieser Übungen ebnen ein solides Fundament. Dieses Fundament schafft ein „Sicherheitsnetz", welches in allen musikalischen Situationen tragfähig ist. Voraussetzungen für die Flussübungen gibt es kaum, in jeder Leistungsstufe können und sollten sie eingesetzt werden. Die Möglichkeiten dieser Übungen sind nahezu unerschöpflich und der Nutzen ist nicht hoch genug einzuschätzen. Die Vorgehensweise ist dabei denkbar einfach und für jeden sofort zu erlernen. Der Lernende kann sein Augenmerk direkt auf die Interpretation einfachster Strukturen legen anstatt auf komplexe und komplizierte Übungen.

Wie sehen diese Übungen in der Praxis aus? Nun, der konzeptionelle Ansatz ist folgender: Alles wird im Fluss gespielt. Beide Füße spielen eine ostinate Figur und die Hände eine durchgehende Mikrostruktur.

Beispiel: Rechter und linker Fuß spielen immer im Wechsel Achtel, die Hände spielen dazu Sechzehntel, dies wiederum auch immer im Wechsel rechte Hand linke Hand. Wenn diese Übung auf der Snare flüssig gespielt werden kann, nimmt man alle musikalischen Parameter hinzu, die wir als Schlagzeuger zur Verfügung haben: Dynamik, Orchestrierung, Tempo.

Mit Hilfe dieser drei Parameter entstehen nun komplexe Rhythmen, indem man die Schläge auf dem gesamten Schlagzeug verteilt, mal lauter, mal leiser, mit und ohne Akzenten, mal schneller und mal langsamer. Und ihr könnt mir glauben, ein guter Drummer kann mit genau dieser skizzierten, völlig einfachen Übung, nahezu alle (!) Stile in Grooves und Fills darstellen. Und das auf so eine Weise, dass der Zuhörer nicht bemerkt und auch nicht für möglich hält, dass der Schlagzeuger immer die gleiche Handfigur, in diesem Beispiel immer rechts/links, und mit den Füßen immer das gleiche Pattern spielt. Natürlich ist er in seiner musikalischen Ausgestaltung durch die festgelegten Schlagfolgen gebremst. Dies kann und soll er aber durch ein Mehr an Musikalität kompensieren. Wie das geht?

Nun, der Drummer muss bei dieser Übung keinerlei Konzentration auf die Schlagfolge lenken, da diese ja an Einfachheit nicht mehr zu überbieten ist. Er kann sich ganz auf die musikalischen Parameter konzentrieren und wird daher genau in dieser Hinsicht geschult. Es versteht sich von selbst, dass die Flussübungen unbegrenzt erweitert und vertieft werden können. Dabei hat sich folgende Reihenfolge als besonders effektiv und günstig erwiesen:

Zuerst werden die beiden Strukturen „Binär" und „Ternär" einzeln für sich geübt,[42] immer „hand by hand", in sämtlichen Stilen und mit der Aufteilung in Grooves mit Fills. Als nächster Schritt werden die beiden Strukturen gemischt. Danach kommen die Mikrostruktur Verdopplungen und Halbierungen hinzu, also statt Sechzehntel auch mal Achtel oder Sechzehnteltriolen und Zweiunddreißigstel. Ist man darin fit, ergänzt man die Mikrostrukturen um alle diejenigen, die im Notenbaum stehen. Erst wenn das gelingt, macht

---

42   Bei der ternären Struktur spielen wir pro Fußschlag drei Handschläge. Nun kann man wählen, ob die Füße Achtel und die Hände Sechzehnteltriolen oder die Füße Viertel und die Hände Achteltriolen spielen. Je nach Sichtweise und Kombination mit binären Übungen ist mal das eine oder das andere sinnvoll.

es Sinn, die ostinaten Figuren der Füße zu variieren. Variationen sind typische Samba- und Mosambique-Patterns oder einfache Achtel- oder Viertelverteilungen, ganz wie es gefällt. Wenn diese gut gespielt werden, kommen nach und nach sämtliche erlernten Handtechniken hinzu wie Doubles, Flams, Paradiddles etc. Und wenn auch das gut gelingt, wird die ostinate Figur mit nur einem Fuß gespielt und der andere wird in die Flussübung integriert. Und so weiter und so weiter... Es ist sicher deutlich geworden, welches Potential in diesen konzeptionell einfachen Übungen steckt. Und auch das ist deutlich: Jeder kann diese Übungen gemäß seinem persönlichen Level in sein Übungsprogramm integrieren, ob er nun Anfänger, fortgeschrittener oder professioneller Schlagzeuger ist. Ich garantiere allen: Der Spaß ist enorm und das Ergebnis verblüfft auch den routiniertesten und erfahrensten Drummer.

V.4   Paradiddles, die unterschätzten Rudiments

Der Begriff „Rudiments" meint eine Sammlung von 40 Schlagfolgen der Hände, welche die amerikanische Schlagzeugervereinigung PAS[43] festgelegt hat. Diese Figuren gehören zum Standardrepertoire eines guten Schlagzeugers. Jede einzelne Figur hat ihren Reiz und jede hat auch ganz bestimmte Anwendungsmöglichkeiten. Man kann sie sowohl als reine Handübungen verstehen wie auch als Anregungen für eigene Licks und Patterns. Literatur hierzu gibt es unzählige. Ich möchte daher auf eine systematische Betrachtung aller Rudiments verzichten und nur anhand einer einzigen Figur, dem einfachen Paradiddle, aufzeigen, welches Potential in den Rudiments steckt und wie man mit Hilfe einer etwas anderen Betrachtung unglaublich viel aus diesen Figuren machen kann.

---

43   Percussive Arts Society. Die erste Sammlung von ursprünglich 26 Rudiment wurde von der NARD (National Association of Rudimental Drummers) herausgebracht.

Jeder Drummer kennt den einfachen Paradiddle: R-L-R-R und dann L-R-L-L. Nun heißt es immer, der Paradiddle soll genauso klingen wie einfache „hand by hand"-Bewegungen. Das ist jedoch nicht möglich, denn allein der unterschiedliche Klang der beiden Stöcke macht dieses Vorhaben zunichte. Richtig ist jedoch, dass der Paradiddle den gleichen Fluss haben soll wie die gleich schnelle, abwechselnde Rechts-Links-Bewegung.

Zuerst übt man also den Paradiddle ganz ohne Akzente und achtet darauf, dass der Abstand der einzelnen Schläge zueinander immer gleich ist. Das ist natürlich leichter gesagt als getan, denn schon hier trennt sich die Spreu vom Weizen. Bei den Topleuten ist kein Unterschied im Fluss zwischen den beiden Figuren zu hören.

Wenn diese Übung gelingt, dann fängt man an, diesen Paradiddle am Drumset zu spielen. Nun wird die Sache schon etwas schwieriger, denn wenn man die Hände auf verschiedene Instrumente verteilt, ist der Fluss der gesamten Figur nicht mehr so deutlich zu kontrollieren. Daher kommt nun ein neuer Ansatz ins Spiel, das Konzept der „Leading Hand". Die rechte Hand spielt ja für sich quasi eine eigenständige Rhythmik. Diese nenne ich in diesem Zusammenhang „rhythmische Melodie". Diese Melodie gilt es für sich zu hören und zu erfassen. Wenn dann im weiteren Übungsverlauf die Akzente hinzukommen, dann erweitert sich diese Melodie um diese Akzentuierungen. Anfangs werden alle Schläge des Paradiddles einzeln akzentuiert, bevor man Akzentkombinationen spielt. Diese Übung ist einfach erklärt:

Von den gesamten acht Schlägen des Paradiddles erst den ersten Schlag akzentuieren, dann den zweiten, den dritten und immer so weiter. Diese Übung gestaltet sich schon recht anspruchsvoll, aber wer sie beherrscht, hat mit dem Paradiddle keine Probleme mehr – und das nur mit einer Übung! Grandios.

Es entsteht logischerweise durch die neue Akzentuierung immer auch eine neue rhythmische Melodie. Erst wenn der musikalische und rhythmische Zusammenhang dieser neuen Melodie erkannt wird und internalisiert ist, hat die Figur einen Sinn. Sollte das nicht der Fall sein, klingt ein Paradiddle immer nach einer Übung. Peinlich. Am besten lassen sich die Paradiddles im Kontext der Flussübungen einsetzen und erarbeiten. So kann man genau überprüfen, ob der Fluss immer exakt gleich ist und ob die Melodie der rechten Hand sauber für sich steht. Dieses Konzept wird um sämtliche Permutationen sowie um die anderen bekannten Paradiddles erweitert. Ihr werdet sehen, man kann mit diesen Figuren unglaublich viel Musikalität entwickeln und natürlich auch viel Spaß haben.

V.5   Hand-Fuß-Kombinationen

Diese Kombinationen stellen eine der größten Herausforderungen für uns Schlagzeuger dar, da tatsächlich schon einige Voraussetzungen erfüllt sein müssen, damit dieses Themengebiet befriedigend angegangen werden kann. Hand-Fuß-Kombinationen sind in der Regel lineare Figuren. Einsetzbar in allen Stilrichtungen erhöhen sie den kreativen Ausdruck des Schlagzeugers. Ein stures Üben der Kombinationen führt in aller Regel zu keinem befriedigenden Resultat, Umdenken ist daher angesagt. Der Schlüssel liegt hier weniger im Know-how von vielen komplexen Figuren als vielmehr in deren Interpretation.

Eine einfache Kombination exzellent klingen zu lassen – das ist es. Wie nähert man sich nun diesem Thema? Ich werde es exemplarisch an einer Standardfigur verdeutlichen. Dieses Konzept ist auf alle Kombinationen übertragbar. Zuerst vergessen wir, dass eine bestimmte Figur in einer bestimmten Subdivision gespielt wird. Wir reden statt dessen lieber von „Dreier"- oder „Viererfiguren" etc.

Unser konkretes Beispiel ist die Dreierfigur RH – LH – RF. Wenn man diese drei Schläge langsam hintereinander spielt, dann startet die linke Hand, nachdem die rechte Hand ihre Bewegung beendet hat. Danach kommt der rechte Fuß. Wenn der Drummer diesen Weg wählt, realisiert er nicht, dass die Bewegungen bei höherem Tempo ineinander greifen.

Ein besserer Weg ist also, fast gleichzeitig mit den drei beteiligten Gliedmaßen zu starten, die einzelnen Schläge hintereinander zu platzieren und danach zu stoppen. Und diese Schlagfolge spielt man auch gleich in einem schnellen Tempo. Wenn das gut gelingt, setzt man daran eine zweite Dreierkombination und so weiter. Diese Methode führt dazu, dass der Schlagzeuger die drei Schläge als nur eine Bewegung empfindet. Der Startpunkt ist in unserem Beispiel die RH. Wenn er mehrere Dreierkombinationen hintereinander spielen kann, merkt der Schlagzeuger, dass sein Bezugsgliedmaß die rechte Hand ist.

Als nächste Übung startet er mit der linken Hand. Die Reihenfolge bleibt gleich, nur der Startpunkt verschiebt sich, also LH-RF-RH. Die selbe Übung nochmals, also die drei Schläge als eine einzige Bewegung ausführen. Wenn das klappt, ändert man wieder den Startpunkt, dann also RF-RH-LH. Nach einiger Zeit kann der Schlagzeuger die Kombination in jedem beliebigen Tempo mit jedem Gliedmaß starten. Die Figur läuft absolut rund und kann nun in den unterschiedlichsten Subdivisions gespielt werden. In unserem Fall wären die Standards Dreierkombination als Achtel, Triolen, Sechzehntel (3 über 4), Sechstolen, Zweiunddreißigstel. Selbstverständlich wird die Figur auch wiederum mit Dynamik, Orchestrierung und Tempoänderung geübt.

Ein anderer, auch sehr interessanter Ansatzpunkt ist, die Figur als Kreis der Gliedmaßen zu verstehen. Ebenso, wie sich ein Fahrradfahrer auf die Kreisbewegung seiner Füße konzentriert, nimmt der Schlagzeuger die Kreisbewegung einer Figur wahr. Für unser Beispiel wäre dann die Denkweise RH - LH - RF, wobei man einem imaginären Kreis oder Reifen folgt, der quasi aufrecht vor einem steht. Bei einer Uhr käme also die rechte Hand auf die Uhrzeit zwei, die linke Hand auf Zeigerposition zehn und der Fuß auf Zeigerposition sechs. Wie gesagt, dies ist nur ein Denkmuster, das hilft, die Figur besser zu erlernen. Bei dem gesamten Thema Hand-Fuß-Kombinationen gilt wie so oft:

Nicht die Virtuosität einer Figur ist das Entscheidende, sondern die Virtuosität der Interpretation einer Figur.

Der Erfolg dieser Spielart ist bestechend und ermöglicht es, auch mit einigen wenigen gut gecheckten Kombinationen sehr professionell zu klingen.

Der grundsätzliche systematische Ansatz aller Hand-Fuß-Figuren ist folgender: Jedes einzelne Gliedmaß übt mit jedem anderen Gliedmaß die antagonistische Bewegung. Diese Übung habe ich schon im Kapitel über antagonistische Bewegungen angesprochen. Es ist eine Standardübung, die jeder können muss. Eine interessante und gleichzeitig recht schwierige Figur ist folgende: abwechselnd rechte Hand, rechter Fuß, linke Hand, linker Fuß. Bei dieser Kombination spielen die Hände und die Füße immer im Wechsel gegeneinander. Da die beiden Figuren der Hände und Füße quasi ineinander verschoben sind, kann man diese Kombination wirklich locker und flüssig in unglaublichem Tempo am Set orchestrieren. Eine echte Topübung, die, wenn sie funktioniert, unendliche Klangvielfalt und großen Spaß bringt. Probiert es aus!

V.6   Click

Der Click ist des Drummers bester Freund! Wer diesen Satz unterschreiben kann, wird mit dem Spielen zum Click keinerlei Probleme haben. Die meisten Schlagzeuger stehen jedoch diesem Helfer skeptisch gegenüber oder haben zumindest ein ambivalentes Verhältnis zu ihm. Kurz zur Definition: Ein Click ist ein digital produziertes Metronom. Der Klang ist individuell verschieden, es eignen sich vor allem kurze und knackige Klänge wie zum Beispiel Closed Hihat, Rimclick, Cowbell etc. Ob dieser Click eine metrische Unterteilung hat oder welches Raster der Drummer benutzt, hängt ganz von der musikalischen Situation ab.

Ich werde in diesem Kapitel einige Tipps zum Umgang mit dem Click geben. Zuerst möchte ich ein grundlegendes Missverständnis ausräumen: Man spielt nicht sein eigenes Timing zum Click, sondern der Click ersetzt das eigene Timing! Was bedeutet das? Nun, jeder Schlagzeuger verbringt den Großteil seiner Übungszeit damit, seine eigene innere Uhr zu entwickeln. Wenn er nun seine innere Uhr mit dem Click in „Gleichklang" bringen will, wird er immer um den Click schwanken. Je weiter entwickelt die innere Uhr des Drummers ist, umso geringer werden diese Schwankungen sein, er wird sie allerdings nie ganz wegbekommen, da dieser Ansatz vom Grundsatz her falsch ist. Statt zu versuchen, die innere Uhr synchron mit dem Click zu bekommen, lässt man den Click an Stelle der eigenen inneren Uhr „in sich hineinfallen". Der Click ersetzt die eigene innere Uhr. Er wird gehört und in das Innere aufgenommen. Das erfordert viel Übung und auch Geduld. Die Mühe lohnt sich aber in jedem Fall, denn es gibt unzählige Situationen, in denen ein Schlagzeuger zum Click spielen muss, live und auch im Studio. Es versteht sich von selbst, dass ein Topdrummer zwischen seiner inneren Uhr und dem gehörten Clicktrack hin- und herschalten kann, wie er will. Das zu beherrschen ist eine wichtige Aufgabe.

Welche Art Click soll man nun verwenden? Am verbreitetsten sind Clicktracks mit lauteren Vierteln und etwas leiseren Offbeats, wobei oft auch die Zählzeit Eins noch einen Akzent hat. Ich plädiere für einen Click völlig ohne Akzent, weil der Akzent einen rhythmischen Puls setzt, der die Spielweise in Richtung dieser Akzentuierung beeinflusst. Zu Übungszwecken kann und soll man natürlich mit allen möglichen Variationen von Clicks experimentieren. Auch Subdivisions bis Sechzehntel können eine gute Übung sein, wenn man Grooves und Fills einmal ganz akkurat chekken will. Um Grooves professionell zu üben, sollte man sich die Mühe machen, diese ab ca. Tempo Viertel = 40 bpm bis ca. 180 bpm in Zweierschritten zu üben. Das klingt nach viel Übungsaufwand, bringt es aber total.

Um deutlich zu spüren, ob man identisch mit dem Click spielt, gibt es folgende simple Übung: Man spielt einen einfachen Groove zu einem beliebigen Click. Wenn man sich gut dabei fühlt, versucht man, das Tempo anzuziehen. Es entsteht ein Gefühl, als ob man den Click mit sich ziehen will. Man spielt also immer ein Stück vor dem Click, soweit, bis man Gefahr läuft, den Click zu überholen. Das soll aber möglichst nicht passieren. Danach lässt man sich im Timing wieder zurückfallen, bis man merkt, dass man wieder identisch mit dem Click spielt. Danach fällt man noch weiter zurück. Man spielt nun also hinter dem Click, man wird vom Click quasi gezogen. Das macht man wiederum bis kurz vor dem Punkt, an welchem man vom Click überholt würde. Danach zieht man das Timing wieder an, bis man wiederum identisch mit dem Click spielt. Dieses Procedere geht nun immer hin und her. Mit der Zeit wird man spüren, mit welchem Gefühl man spielen muss, damit man völlig exakt auf dem Click spielt.

Auch sind sogenannte Auslassungsübungen zu empfehlen. Dabei programmiert man ein viertaktiges Pattern und lässt die letzten zwei Viertel leer, der Click spielt quasi ohne Klang weiter. Man spielt nun eine viertaktige Phrase, zum Beispiel drei Takte Groove und einen Takt Fill. Die letzten zwei Viertel spielt man quasi ohne Click und kann damit genau überprüfen, ob die nächste Eins stimmt oder ob man zu früh bzw. zu spät ist. Wenn das Timing korrekt war und man ein gutes Gefühl entwickelt hat, wird diese Pause um ein Viertel verlängert, usw. Gute Drummer schaffen locker ein achttaktiges Pattern, wobei die letzten sieben Takte leer sind! Der Sinn dieser Übung müsste klar sein: In dem Augenblick, in welchem der Click aufhört zu spielen, muss man sich wieder auf seine eigene innere Uhr verlassen. Ob sie so ganggenau wie der computergenerierte Click ist, kann man durch diese Übung sehr schnell sehen, und bei Problemen damit hat man sofort eine hilfreiche Übung parat.

Eine weitere sehr gute Übung besteht darin, den Click immer mehr auszudünnen. Ein achttaktiger Click in Vierteln, danach löscht man die Clicks auf den Zählzeiten Zwei und Vier.

Dadurch bekommt man einen „Halbe-Click". Klappt das gut, löscht man bei jedem Takt die Zählzeit Drei und man hat einen Click, der pro Takt nur einen Clickimpuls auf der Zählzeit Eins erklingen lässt. Wenn man damit gut umgehen kann, löscht man bei jedem zweiten Takt wiederum die Zählzeit Eins, und man hat pro zwei Takte einen Clickimpuls. Wenn man sich damit gut fühlt, löscht man wiederum die Hälfte der Clickschläge und man hat nun einen Click mit einem Impuls alle vier Takte auf der Eins. Kann man damit gut agieren, macht man dasselbe Spiel nochmals, und es entsteht ein Click mit einem Schlag alle acht Takte. Alle Übungen werden natürlich auch in unterschiedlichen Tempi und mit unterschiedlichen Grooves gespielt. Das bringt's!

Auch Clicks, die nur auf den Offbeats laufen, entweder auf Achtel- oder auf Sechzehntel-Ebene, haben sich als echte Übungs-Knaller erwiesen. Der eigenen Kreativität sind keine Grenzen gesetzt. Der Click kann also sowohl das Makro- als auch das Mikrotiming verbessern.

Auch in der Spielsituation mit der Band kann ein Click hervorragende Dienste tun. Er ist unverzichtbar, wenn man das Tempo eines Stückes exakt einzählen will. Er allein garantiert dem Drummer das 100-prozentig richtige Tempo für ein Stück. Wenn es professionell zur Sache geht, ist es in vielen Fällen auch ratsam, sämtliche Stücke eines Programms komplett mit Click zu spielen. Bei vielen großen Produktionen ist das eine Selbstverständlichkeit und muss auch so sein, denn wenn die Lichtanlage und die Effekte der Tonleute timinggenau programmiert werden, muss natürlich auch die Musik immer im exakt gleichen Tempo, ohne jegliche Schwankungen, gespielt werden.

Wenn Schlagzeuger bewusst auf den Einsatz eines Clicks verzichten, dann müssen sie akzeptieren, dass die Songs einmal etwas schneller und einmal etwas langsamer gespielt werden. Stört das die Mitmusiker nicht, ist dagegen nichts einzuwenden. Wenn aber exaktes Timing verlangt wird, kann nur der Einsatz eines Clicks dies garantieren. Etwas anderes zu glauben ist Selbstbetrug, der allerdings durch eine Liveaufnahme schnell entlarvt werden kann.

Ich für meinen Teil spiele gerne mit Click und genieße es, wenn er für mich die Rolle des Timekeepers übernimmt. Ich kann mich ganz auf die musikalischen Aspekte konzentrieren und habe das Thema Timing damit vom Tisch. Aber das ist wie gesagt auch immer abhängig von der zu spielenden Musik. In einem Jazztrio zum Beispiel kann ich mir einen Schlagzeuger, der mit Click spielt, nicht vorstellen.

V.7   Laid-Back, Feeling oder Das Ende von Legenden

Immer wieder höre ich die Frage, wie man denn so richtig schön „laid-back" (entspannt, locker) oder wie man mehr „nach vorne" spielen könne. Auch höre ich oft Kritiken nach dem Motto: „Der spielt so schön laid-back" oder „Der kann so toll nach vorne spielen, wie schafft er das?" Zur Beantwortung dieser Fragen müssen wir uns erst einmal mit den Grundsätzen, die hinter diesen Fragen stehen, befassen. Ich bin mir bewusst, dass ich mit meiner Meinung wahrscheinlich viele Schlagzeuger provozieren werde, aber ich bin mir in dieser Hinsicht völlig sicher, dass meine Herangehensweise richtig ist und zum Ziel führt.

Rhythmische Beziehungen sind immer relative Beziehungen. Um diese relativen Beziehungen zu verdeutlichen, konstruieren wir eine typische Recording-Situation. Eine Band nimmt in einem Tonstudio einen Song auf. Dabei ist die normale Reihenfolge diese: Zuerst der Schlagzeuger, danach der Bassist, dann der Gitarrist und zum Schluss die Overdubs mit Vocals, Bläsern etc.; der Schlagzeuger spielt seinen Part natürlich zu einem Click ein.

Wir unterstellen nun, dass der Drummer konstant sämtliche Schläge vor dem Click spielt. In der Praxis wird es das wohl nie geben, das Beispiel macht aber die relativen Beziehungen deutlich. Alle beteiligten Musiker hören diese konstante Ungenauigkeit des Schlagzeugers. Er ist immer konstant vor dem Click, klingt aber in sich rund und groovy. Nun spielt der Bassist dazu. Er hat logischerweise zur Orientierung den Schlagzeuger als Pulsgeber und nicht mehr den Click. Nun stellen wir uns vor, dass der Bassist noch etwas unroutinierter spielt und vor lauter Nervosität immer vor dem Puls des Schlagzeugers seine Töne platziert. Ebenso der Gitarrist.

Wenn man nun diese Rhythmusgruppe gemeinsam abhört, natürlich ohne Click, wird man feststellen, dass der Drummer völlig relaxed und laid-back klingt, da die beiden anderen Instrumente ja im Timing vor ihm erklingen. So ist aus einem Schlagzeuger, der beim Click nach vorne gespielt hat, ein richtig cool klingender Kollege geworden. Dieses Phänomen erklärt die Relativbeziehung.

Ein rhythmisches Muster oder eine rhythmische Melodie klingt
immer in Relation zu ihrem Klangumfeld
und nie absolut.

Die Begrifflichkeiten „nach vorne" oder „nach hinten" (laid-back) werden im professionellen Bereich immer nur als Gefühlsausdruck der beteiligten Musiker verwendet. Ein professioneller Drummer spielt immer synchron mit dem Click. Wenn nun beispielsweise der Produzent die Ansage macht, dass der Drummer mehr laid-back spielen solle, so ist damit eine musikalische Ausdrucksform gemeint und kein hörbarer zeitlicher Versatz. In jedem Fall ist der Drummer bei einem guten Ergebnis exakt auf dem Click. Er kann aber in der Ausgestaltung seiner Schläge, in der Art und Weise, wie er agiert, das Gesamtgefühl verändern – das ist mit diesen Begriffen gemeint.

Das Ziel eines modernen Schlagzeugers ist also immer, einen gleichmäßigen Rhythmus zu spielen, der exakt mit dem Click im Einklang ist. Selbstverständlich ist diese Systematik beim Jazz und Swing und auch in vielen Bereichen der lateinamerikanischen Musik nicht anzuwenden, denn diese

Stilrichtungen leben gerade von der individuellen Einteilung und Verteilung der Subdivisions. Hier greifen andere Mechanismen. In sämtlichen Spielarten von Rock und Pop, Funk und Hip Hop etc. gelten diese Regeln definitiv.

Neben dem Missverständnis von „laid-back" und „nach vorne" spielen gibt es einen weiteren Begriff, den ich gerne noch näher erläutern möchte: Feeling. „Ein guter Musiker hat ein gutes Feeling", höre ich oft. Dabei wird Feeling mit dem direkten, menschlichen Musikmachen gleichgesetzt. Wenn das ein Musiker gut beherrscht, dann hat er ein gutes Feeling, oder? Selbstverständlich kann man diesen Begriff so verwenden. Dann beschreibt er die spezielle Situation des aktiven Musikmachens. Im pädagogischen Prozess nützt diese Erkenntnis aber leider herzlich wenig. Man kann als Lehrer schlecht seinem Schüler sagen, er solle Feeling einsetzen, wenn er nicht genau definieren kann, was das eigentlich sein soll und wie man es entwickeln kann.
Spätestens wenn ein erfahrener Schlagzeuger einen dieser grandiosen Drumtracks am Computer programmiert hat, und wir alle haben schon exzellente Programmings gehört, wird die Frage nach dem Feeling anders beantwortet, denn der Musiker reagiert beim Programmieren ja nicht situativ, sondern er benutzt lediglich sein musikalisches Know-how. Wenn also die programmierte Drumspur, die ja zu 100 Prozent im Timing richtig ist und die natürlich, weil Maschine, ohne Feeling nach der landläufigen Definition spielt, bei uns Zuhörern ein gutes Feeling erzeugt, so ist dieser Begriff hier, beim Zuhörer, richtig eingesetzt. Im Lernprozess dagegen und in der Erkenntnis, warum was wie sein soll, ist der Begriff Feeling höchstens verwirrend und macht unbeholfen. Wenn wir den Begriff im pädagogischen Umfeld und zur Beschreibung von musikalischen Fähigkeiten verwenden, müsste zumindest eine Ahnung davon vorhanden sein, wie man Feeling erlernen könnte. Ich verwende diesen Begriff daher nicht und spreche lieber von Fähigkeiten und Know-how. Das kann man erlernen. Wer sich damit schwertut, hat aller Wahrscheinlichkeit nach wenig Begabung oder wenig Musikaliät oder er hat seine Begabung zu spät gefördert.

Feeling für die Musik und für musikalische Emotionen wird und kann er trotzdem haben. Denn das eine hat mit dem anderen nichts zu tun.

V.8   Hihat oder Klingendes Metrum

Die Hihatmaschine ist eines der interessantesten Instrumente des Drumsets. Es ist das einzige Instrument, das man gleichzeitig mit dem Fuß und mit der Hand spielt und welches dadurch nahezu unendliche Klangkombinationen ermöglicht.

Ich möchte hier auf die Funktion als Puls- bzw. Metrumsgeber hinweisen und diese Funktionsweise näher erläutern sowie einige der Standardtechniken erklären. Viele Schlagzeuger fragen mich, wie man die Hihat auf Viertel bei einem Groove dazuspielen könne. Das Hihat solle quasi „mitlaufen".

Hier verbirgt sich schon in der Frage das Problem, denn der linke Fuß spielt bei durchgehenden Figuren in keinem Fall zu einem Groove. Das exakt umgekehrte Prinzip ist richtig: Der Groove spielt zur Hihat. Wieso?

Nun, das ist schnell erklärt. Wie wir wissen, tickt unsere Internal Clock in einem bestimmten Tempo. Diese Internal Clock wird mit Hilfe der Hihat hörbar gemacht. Die Hihatfigur macht quasi die innere Uhr hörbar. Das ist die Basis.

Der Groove wird in Relation zu dieser Hihatfigur gespielt. Und so wird auch korrigiert. Da die Hihat den Puls abbildet, darf sie auf keinen Fall in ihrem Fluss und in ihrer Abfolge korrigiert werden.

Der Groove spielt also zur Hihat und nicht umgekehrt. Das gilt für Viertel-Achtel- und Off Beat-Figuren gleichermaßen. Da fast jeder Schlagzeuger seinen linken Fuß auf der Achtelebene bewegt, sind die drei Hihat-Grundfiguren nahezu identisch zu spielen und bedürfen keiner großen Anstrengung.

Ich empfehle jedem Schlagzeuger, sich mit diesen grundlegenden Hihatfiguren vertraut zu machen. Sie helfen in allen erdenklichen musikalischen Situationen und können manchmal auch der Retter sein, der verhindert, dass wir bei einem Fill oder einer Kombination den Fluss verlieren.

Zusätzlich zu diesen Grundfiguren gibt es einige Spezialitäten, die ich hier kurz erwähnen will. Da wäre zum einen das sogenannte „Splashen". Dabei werden Achtel mit dem linken Fuß auf der Hihat getreten. Das besondere daran: Der erste Tritt geschieht mit der Ferse, danach bleibt die Hihat offen und erst der zweite Tritt, ausgeführt mit dem Ballen, sclließt die Hihat wieder. Der Fuß macht auf dem Pedal quasi eine Wechselbewegung zwischen Ferse und Ballen. Der Effekt erinnert an eine Guiro-Figur. Diesen Effekt kann man sowohl zu den Vierteln hin als auch zum Off-Beat erzeugen. Eine interessante und auch ein wenig spektakuläre Technik. Eine weitere spezielle Hihat-Technik ist der sogenannte „Step-Hit". Dabei wird nach einem geschlossenen Hihat-Schlag die Maschine kurz und schnell getreten. Das erzeugt einen Klang fast wie mit dem Stock. Es dürfen keinerlei Zischlaute zu hören sein. Mit dieser Technik sind sehr virtuose und klanglich sehr interessante Figuren möglich. Allerdings erfordert sie ein recht hohes Maß an Fußtechnik. Der linke Fuß muss annähernd die Bewegungsfähigkeit entwickelt haben wie der rechte Fuß. Der Ablauf der Bewegung ist hierbei genau gleich. Locker und entspannt „über die Ferse" denken.

V.9   Grooves

Wenn ein Schlagzeuger sich intensiv mit Grooves befasst, wird er feststellen, dass man während eines Grooves die unterschiedlichsten Strukturen denken und empfinden kann. Eine nun schon erlernte wichtige Erkenntnis ist die, dass man über Parallelbewegungen die grundsätzlich richtige Herangehensweise nicht erreichen kann. Jedes einzelne beteiligte Instrument des Grooves muss für sich gedacht werden – keine Beziehungen der Gliedmaßen untereinander. Die Spannungsverläufe und die rhythmische Spannung entstehen durch die Klänge und nicht durch das Denken derselben. Man tut gut daran, erst einmal nur auf der Bewegungsebene zu denken und nicht auf der Spannungsebene.

Die Spannungsebene, also das Verhältnis zwischen Bassdrum und Snare, ist in jedem Fall nur durch Klänge zu erzielen. Man kann und soll diese Spannung hören, aber nicht fühlen. Denn wenn die Spannung, die der Schlagzeuger fühlt, in Bewegung umgesetzt wird, wird der Groove seine Stabilität verlieren und anfangen zu wackeln. Hinzu kommt, dass unser Gehör in der Regel immer die gleichen Klänge miteinander kombiniert und nur den Fluss eines Instrumentes bzw. von Instrumenten, die ähnlich klingen, klar erkennen kann. Bei den meisten Grooves ist die Priorität der einzelnen Instrumente folgende: Die Snare bildet den Herzschlag der Musik. Die Zwei und die Vier haben sich in der populären Musik seit knapp hundert Jahren als „Herzschlag" durchgesetzt. Dieser Herzschlag hat eine Periode. Die Bassdrum spielt in der Regel Figuren, die den Hauptrhythmus des Stückes ausmachen oder ihn unterstützen. Ihre Bedeutung ist ebenso wichtig wie die der Snare. Die Hihatfiguren sind quasi das Salz in der Suppe. In keinem Fall dürfen die Hihatfiguren die Snare- oder Bassdrumfiguren zeitlich beeinflussen. Die Hihat läuft ebenso wie Snare und Bassdrum eigenständig.

Die Basis eines Grooves ist also immer die Beziehung von Snare und Bassdrum zueinander. Werden hier Veränderungen durchgeführt, so ändert sich der komplette Spannungsverlauf eines Grooves. Zur Verdeutlichung ein einfaches Beispiel:

Man spielt einen einfachen Pop-Achtel-Groove mit der rechten Hand auf der Hihat, die Zwei und die Vier auf der Snare und die Eins und die Drei mit der Bassdrum. Das Spannungsverhältnis liegt in diesem Fall auf den Vierteln, der Groove atmet auf Vierteln: Eins tief, Zwei hoch, Drei tief und Vier wieder hoch. Wenn man nun die Bassdrum auf der Drei weglässt, verändert sich der Groove zu Eins tief Zwei hoch, Drei leer, Vier hoch. Ein komplett neuer Spannungsverlauf, da die Zählzeit Drei frei bleibt und dadurch der Groove von der Zwei bis zur Vier quasi in der Luft stehen bleibt. Dies ist, wie gesagt, ein ganz einfaches Beispiel zur Verdeutlichung. Nun kann man dieses Prinzip auf sämtliche Verteilungen von Snare und Bassdrum übertragen.

Die unzähligen Möglichkeiten der Verteilung von Snare und Bassdrum eröffnen auf diese grundlegende Art und Weise den ganz gezielten Einsatz in ihrer musikalischen Umgebung. Der Schlagzeuger ist, wenn er diese Funktionsweise erkennt, in der Lage, ein Musikstück in die eine oder andere Richtung zu dirigieren.

Hier muss angesetzt werden, wenn ein Stück nicht richtig grooved, wenn es wackelt oder wenn es „auf der Stelle tritt". Meistens ist der Groove von seinem grundsätzlichen Spannungsverhältnis her nicht passend. Selbstredend ist die Interaktion zwischen den Musikern, allen voran natürlich mit dem Bassisten, ebenso von Bedeutung. Hierauf im Detail einzugehen würde den Rahmen dieser Betrachtung sprengen. Mir ist hier lediglich die fundamentale Bedeutung der Spannungsverhältnisse wichtig.

Bei anderen Stilrichtungen verhält es sich ebenso. Es muss immer wieder neu festgestellt werden, welche Instrumente bzw. welche Instrumentenkombination die grundsätzlichen Spannungsverhältnisse ausmachen. Das kann das Ridebecken gemeinsam mit der Hihat sein (z.B. beim Swing) oder die Doublebass mit Snare (Heavy) oder auch die Bassdrum und die Hihat (Mambo). Je nach Musikstil und einzelnem Titel verändert sich dieser Schwerpunkt. Und genau das ist eine der wichtigen Aufgaben eines musikalischen Schlagzeugers, der mit seinem Spiel einen Song nach vorne bringen will: versuchen, die rhythmische Spannung, den Groove, die Art von Spannungsverhältnis zu entwickeln, die den Song am besten unterstützt.

Es versteht sich von selbst, dass es in keinem Fall nur eine Lösung gibt. Jeder gute Song bietet immer mehrere Optionen, die fundamentale rhythmische Spannung darzustellen. Ein guter Drummer wird demnach auch mehrere Möglichkeiten anbieten können. Entscheiden wird immer das Gehör und der Geschmack der beteiligten Musiker, welche Art Groove oder welcher rhythmische Spannungsverlauf zum Einsatz kommt. Mir ist in diesem Zusammenhang wichtig, noch einmal auf Folgendes hinzuweisen:

Nicht die Virtuosität des entwickelten Grooves
ist der Schlüssel zum Erfolg, sondern die virtuose Interpretation
der entwickelten Spannung.

Das ist ein fundamentaler Unterschied. Das Ergebnis kann auch nur ein Rimclick mit Vierteln und eine einfache Achtel-Hihatfigur sein. Es kommt dabei nicht auf die entwickelte Figur an, sondern auf ihre Passgenauigkeit zum musikalischen Kontext. Das ist es, was musikalisch zählt, und nur das!

VI   Sonstiges

VI.1   Wie viele Gliedmaßen haben wir eigentlich?

Na, diese Kapitelüberschrift ist ja schon witzig, denn logischerweise haben wir, wenn wir keine körperliche Behinderung haben, vier funktionierende Gliedmaßen, mit denen wir unser Instrument spielen. Eigentlich ganz einfach, oder? Um eine Vorstellung zu entwickeln, wie man die zeitgleich ablaufenden Konzepte in ein Gedankenmodell einordnen kann, rede ich im übertragenen Sinne von sechs „Gliedmaßen" als Chiffre für die sechs unterschiedlichen Bereiche, die wir als Schlagzeuger ausbilden müssen. Welche sechs Bereiche?

Das müsste eigentlich klar sein: Da wären zum einen unsere vier Gliedmaßen. Diese vier separat zu bewegen, ohne Parallelbewegungen und jedes für sich, völlig autonom, ist unser großes Ziel. Das ist für sich genommen schon schwierig genug. Als „fünftes Gliedmaß" bezeichne ich die Internal Clock.

Was es damit auf sich hat, habe ich ja in dem entsprechenden Kapitel in diesem Buch erläutert. Die innere Uhr ist völlig eigenständig und quasi das rhythmische Fundament schlechthin. Und was ist das „sechste Gliedmaß?"

Das sind unsere bewussten Gedanken im Kopf. Auch unser Denken muss vom Spielen und von den Vorgängen der inneren Uhr völlig abgekoppelt sein. Hier ist der Ort, wo sich musikalische Abläufe, Vorstellungen, Aufmerksamkeit sowie höchste Konzentration abspielen. Wer seine Denkkapazitäten für noch nicht automatisierte Bewegungsabläufe benötigt, wird nicht in der Lage sein, vorausschauend Noten zu lesen oder sich in besonderen Situationen spontan musikalisch korrekt zu entscheiden. Das leuchtet jedem ein.

Wir haben es beim Spielen unseres Instruments also mit diesen sechs „Gliedmaßen" zu tun. Es ist die Aufgabe jedes Schlagzeugers, alle sechs Gliedmaßen auszubilden, und mit Hilfe dieses Denkmusters ist es einfach, systematisch vorzugehen, um damit schneller zum gewünschten Erfolg zu kommen.

VI.2   Alles nach Plan

Ohne Plan läuft nichts, schon gar nicht, wenn man ein Instrument erlernen will. Strukturierung und konsequentes planvolles Vorgehen sind gefragt, sonst wird die Übungszeit eher zur Frustzeit. Jeder kennt das: Zwei Stunden Übungszeit sind vergangen, aber es ist kaum etwas abgearbeitet. Das erzeugt Frustration und wenn die Erfolge auch auf Dauer ausbleiben, kommt natürlich der Gedanke, das Instrument aufzugeben. Doch aus dieser Situation gibt es einen Ausweg. Bevor ich nun den Übungsplan im Detail vorstelle, möchte ich noch eine grundlegende Betrachtung vornehmen, die ich für sehr wichtig halte:

Üben darf kein Muss sein! „Wie bitte?", denkt nun sicher der eine oder andere, „Ohne Üben geht doch nichts!" Das stimmt natürlich. Nur darf Üben nicht zur unausweichlichen Pflicht werden. Üben soll Spaß machen und wenn möglich, aus völlig freien Stücken gemacht werden. Wer sich zum Üben zwingen muss, der hat von vornherein schon verloren. Was natürlich nicht heißt, dass man sich nicht hin und wieder etwas überwinden muss, in den Proberaum zu gehen. Wenn sich dann aber nach einer kurzen Zeit der Spaß nicht einstellt, sollte man seine Zeit besser für andere Dinge nutzen.

Üben ist, seine Beziehung mit dem Instrument zu pflegen!

Üben ist, Zeit mit sich und dem Instrument zu verbringen. Üben hat motivierenden und kreativen Charakter und ist in seiner besten Form auch eine Reise in das eigene Innere. Wer Üben so versteht, nämlich sich aus einem inneren Bedürfnis heraus mit seinem Instrument intensiv zu beschäftigen, der wird Erfolg ernten.

Wer das Üben nur als notwendiges Übel sieht, um dies oder jenes zu erreichen, der wird aller Wahrscheinlichkeit nach scheitern. Natürlich gibt es auch hier Extreme: Musiker die geradezu süchtig nach Übungszeit sind, die kaum mehr in der Lage sind, am normalen sozialen Leben teilzunehmen. Aber das sind die Ausnahmen und diese Gefahr besteht normalerweise nicht. Erst wenn man es in dem genannten Kontext sieht, wird Üben effektiv und man macht Riesenschritte vorwärts.

Ein gut durchdachter Übungsplan ist in mehrere Bereiche unterteilt. Zwei wichtige Regeln möchte ich dabei ganz an den Anfang stellen:

Erstens: Man sollte immer mit Uhr üben. Warum? Ganz einfach, denn erst mit Hilfe einer systematischen Einteilung der uns zur Verfügung stehenden Zeit ist ein sinnvolles und effektives Üben möglich. Die Erfahrung zeigt, dass man ohne Uhr doch gerne abschweift und nur einfach so rumspielt, statt sich auf die aktuelle Übung zu konzentrieren. Wer schon einmal zehn Minuten am Stück einen Double Stroke Roll geübt hat, weiß, wie lang zehn Minuten sein können. Die Uhr ist also beim Üben unerlässlich. Wer es einmal richtig ausprobiert hat, wird das bestätigen können. Zweitens, man sollte ein Übungsprotokoll führen. Hier werden stichwortartig die Erfolge und natürlich auch die Misserfolge dokumentiert. Dieses Protokoll kann wie eine Art Tagebuch geführt werden. Wichtige Eintragungen sind natürlich, wann man welche Übung wie lange erarbeitet hat. Natürlich werden auch die Tempi und eine eigene kurze Bewertung notiert. Dieses Übungsprotokoll sollte man auch seinem Dozenten vorlegen, der daraus wichtige Schlüsse ziehen kann. Es dient der Selbstkontrolle wie auch der Motivation, denn manchmal sind die Erfolge recht langsam und unscheinbar, mit Hilfe des Protokolls aber werden sie deutlich und sichtbar. Das kann einem viel Frustration ersparen und es ist eine große Hilfe, die geleistete Arbeit und die Erfolge schwarz auf weiß vor sich zu sehen. Eine weitere zentrale Feststellung ist: Ein Übungsplan ist nie statisch. Er ändert sich laufend, je nachdem, an welchen Themen man gerade arbeitet und welche Schwerpunkte man gerade setzt.

Ein Beispiel soll dies verdeutlichen: Wir stellen uns einen Schlagzeuger im Alter von 19 Jahren vor. Er spielt seit sieben Jahren Schlagzeug und hat seit ca. drei Jahren qualifizierten Unterricht. Er spielt in einer Indie-Band. Sein Können bezeichnen wir als fortgeschritten. Sein Plan könnte so aussehen:

1. Technik
2. Fundamentale Grundübungen und Flussübungen
3. Hausaufgaben (was sein Dozent mit ihm erarbeitet)
4. Bandarbeit
5. Kreativität

Wir nehmen nun an, er plant pro Übungseinheit zwei Stunden. Dann hat er für jeden der Themenbereiche 24 Minuten. Im Themenbereich „Technik" arbeitet er gerade an Paradiddles und Doubles. Er hat für die Paradiddles vier Übungen und für die Doubles ebenso vier. Das heißt, er kann pro Übung drei Minuten Zeit aufwenden. Hier sieht man wieder, dass ohne Uhr nichts geht. Diese Art Unterteilung macht er auch in den anderen Themenbereichen.

Die „Flussübungen" sind obligatorisch. Unter Kreativität verstehe ich eine Übungseinheit, in welcher man einfach frei spielen kann und sich mit neuen Sachen beschäftigt: Hier ist der Platz zum Ausprobieren – ganz wichtig!

Wenn er nun an einem Übungstag nur eine Stunde Zeit zur Verfügung hat, kann er entweder alle Zeiten halbieren oder er fängt oben an, hört nach einer Stunde auf und macht am nächsten Tag dort weiter, wo er am Tag zuvor aufgehört hat. Dieses System behält er bei, und wenn ein Thema genügend erarbeitet wurde, streicht er es aus dem Plan und ersetzt es durch ein anderes oder er stellt den anderen Themen mehr Zeit zur Verfügung. Hat er einmal vier Stunden Zeit, verdoppelt er einfach seine Zeiten oder übt das ganze Programm zweimal hintereinander durch. Wenn er die Paradiddles und die Doubles beherrscht, nimmt er eine oder mehrere andere Figuren in den Plan auf und die Paradiddles fallen weg. Ebenso ändert sich das Bandmaterial laufend und die Arbeitseinheit mit seinem Lehrer verändert sich ebenso. Einzig die Flussübungen und die anderen grundlegenden Übungen sowie den Kreativblock behält er bei.

Ich werde oft gefragt, wie lange man denn am Tag oder in der Woche üben sollte. Diese Frage kann ich nicht pauschal beantworten, denn bedingt durch die unterschiedlichen Begabungen muss der eine mehr für das gleiche Ergebnis üben als der andere. Es spielt natürlich die Frage, welches Niveau erreicht werden soll, eine ganz zentrale Rolle. Ein guter Amateurdrummer kommt vielleicht mit einigen Stunden in der Woche gut zurecht. Junge Nachwuchstalente, die beabsichtigen, das Schlagzeugspielen professionell zu betreiben, brauchen mehrere Stunden pro Tag, je nach Begabung und Ziel.

VI.3   Notenlesen und Charts

Notenlesen ist ein unverzichtbares Hilfsmittel für jeden Musiker. Die Rhythmiker haben einen entscheidenden Vorteil gegenüber denjenigen, die ein Melodieinstrument spielen: Sie benötigen keine Angaben zur Tonhöhe. Lediglich die rhythmischen, d.h. zeitlichen Werte der Noten sind von Bedeutung. Aus diesem Grund haben Schlagzeugnoten auch einen eigenen Notenschlüssel. Welcher „Ton" des gewählten Notensystems dabei welches Instrument symbolisiert, ist in jeder Schlagzeugnotation anders geregelt.

Fast immer befinden sich allerdings die Bassdrum unten (D/E/F), die Snare in der Mitte (A/H/C) und die Hihat bzw. Cymbals oben (E/F/G) im Notensystem. Die Toms verteilt man gleichmäßig. Cowbells, Beckenkuppe, Tambourin etc. bekommen spezielle Symbole zugeteilt.

Zum Notenlesen-Lernen haben sich Notenkärtchen als schnellste und effektivste Hilfe bewährt. Diese Kärtchen sind schnell hergestellt: Man schreibt jeden Notenwert auf ein Kärtchen, ähnlich den bekannten Vokabelkärtchen. Die Rückseite bleibt allerdings frei. Im binären System hat man somit fünfzehn Kärtchen. Nun lernt man mit diesen Kärtchen die Notenwerte wie Vokabeln, das heißt, man mischt sie durch und legt immer dasjenige Kärtchen ab, dessen Notensymbol keine Schwierigkeiten bereitet. Auf diese Weise erkennt der Lernende ziemlich schnell seine Problemsymbole und kann sich ganz auf diese konzentrieren. Eine weitere Übung besteht darin, die Notenkärtchen aneinanderzulegen, so dass ein oder mehrere Takte entstehen. Auch kann man durch geschicktes Vorblättern die Fähigkeit erlernen, vorausschauend zu lesen. Das Lesen von Noten funktioniert genau gleich wie das Lesen von Schrift: Nicht einzelne Noten werden gelesen, sondern man versucht, mit einem Blick zuerst einen Viertelblock, dann zwei, dann drei, usw. zu erfassen. Funktioniert das gut, versucht man, einen und mehrere Takte auf einen Blick zu erfassen. Routinierte „Leser" schaffen sogar ganze Zeilen. Als besonders förderlich hat sich auch das Rückwärtslesen erwiesen. Bei dieser Übung liest man den letzten Takt einer Notation zuerst, springt dann zum vorherigen Takt, liest diesen, springt wieder zum vorherigen und immer so weiter. Auf diese Weise übt man die Fähigkeit, vorausschauend zu lesen. Man kann sogar auch ganze Zeilen überspringen oder durch Umblättern die Schwierigkeit noch weiter erhöhen. Der Sinn all dieser Übungen besteht darin, dass der Schlagzeuger Notenlesen als (Hilfs-)Mittel zum Zweck versteht, seine Konzentration auf die zu spielende Musik richten kann und nicht nur mit dem Notenlesen beschäftigt ist. Denn das geht nach einer gewissen Übungszeit ganz von allein.

Eine weitere Fähigkeit sollte jeder Schlagzeuger haben: Das Lesen und eigenständige Erstellen von Charts. Charts sind Noten, die ein Musikstück mit möglichst wenig detaillierten Notensymbolen darstellen. Es werden nur die grundlegenden Notationen und die wichtigsten Informationen in den Chart geschrieben, damit der Leser das Arrangement des Stückes und die wichtigsten Elemente sofort erkennen kann. Ein einfaches, schnelles und effektives System tut also not. Viele Schlagzeuger haben ihr eigenes System entwickkelt. Manchmal kann man anhand der selbstgebastelten Charts erkennen, dass der Verfasser die Songstruktur nicht richtig begriffen hat, und wenn die Formteile eines Stückes nicht korrekt erfasst werden, wird sich das negativ auf die Spielweise auswirken. Ein weiterer Nachteil einer individuellen Schreibweise ist der, dass ein anderer Musiker mit solchen Charts oft nicht viel anfangen kann. Er muss dann die gleiche Arbeit unnötigerweise noch einmal erledigen.

Ein professioneller Chart erfüllt immer folgende Kriterien: Er ist übersichtlich, und der Leser kann die Formteile des Stückes, also Intro, Strophe, Bridge, Refrain sowie deren Taktzahl auf einen Blick erkennen. Der grundlegende Rhythmus ist zumindest einen Takt lang ausnotiert, damit der Musiker weiß, welche Art Groove gespielt werden soll. Die Tempoangabe ist obligatorisch und immer in beats per minute (bpm)[44] angegeben. Selbstverständlich sind

---

44   Die Angabe „flott" oder „ruhig", wie ich sie schon oft auf selbst gefertigten Charts gelesen habe, bringen einen Musiker nicht weiter, denn diese Begriffe haben keinen allgemein gültigen Anspruch. Was für den einen schon ein flotter Titel ist, würde ein anderer vielleicht noch als Midtempo durchgehen lassen. Eine präzise Tempoangabe eliminiert in jedem Fall diese Unsicherheiten.

Songtitel und Komponist angegeben. In einem Notensystem sind immer eine gerade Anzahl von Takten enthalten. Sollten in einem Musikstück ungerade Formen vorkommen, werden diese extra gekennzeichnet und sind dadurch immer deutlich zu sehen. Wiederholungszeichen sind hervorgehoben, immer wird auch die Anzahl der Wiederholungen dargestellt. Im Idealfall passt der Chart eines Titels auf ein einziges Blatt. Das erspart lästiges Umblättern und kann in den meisten Fällen auch verwirklicht werden. Wenn ein Chart nach diesen Kriterien geschrieben wird, kann sich ein anderer Schlagzeuger ganz einfach und ohne Mühe die Titel erarbeiten. Im Extremfall können routinierte Schlagzeuger damit direkt auf die Bühne gehen und die Titel perfekt spielen, ganz ohne vorherige Bandprobe[45].

VI.4   Musikstile

„Spiel mal einen Samba!" Diese Aufgabe habe ich oft Studenten gestellt, und meist höre ich dann diesen typischen samba-ähnlichen Groove mit Ridebecken und Rimclick im Wechsel mit Toms. Er klingt oft gut und interessant, hat aber mit Samba wenig zu tun. Und wenn ich manchen Schlagzeuger Swing spielen höre, dann spielt er das typische Swing-Ride-Pattern mit der rechten Hand, sein linker Fuß spielt die Hihat auf Zwei und Vier und die rechte Hand wischelt irgendwie auf der Snare herum. „Aber so stand es doch im Buch!?" lautet die Antwort auf die Frage, warum er diesen oder jenen Groove so spielt. Na ja, die Schläge sitzen ja auch ungefähr an der richtigen Stelle! Spaß beiseite, ein Musikstil besteht aus so viel mehr als einer bestimmten Schlagabfolge auf dem Schlagzeug. Das ist aber eigentlich jedem klar. Ich möchte trotzdem hier einige Hinweise geben, wie man sich den unterschiedlichsten Musikstilen fundamental annähern kann.

---

45   Dabei handelt es sich aber wirklich nur um einen Extremfall. Sobald eine Produktion professionell arbeitet, wird in jedem Fall eine Probe durchgeführt, denn auch die besten Musiker müssen sich verständigen, wie man welchen Titel interpretiert.

Was ist eigentlich ein Musikstil? Ein Musikstil ist die Verbindung von Musik und einem Lebensgefühl. Es treten bei jedem Musikstil Stimmungen und Emotionen auf, die diesen Stil zu dem machen, was er ist, und genau darum geht es. Dass sich dabei auch einzelne Figuren[46], Patterns oder Grooves etabliert haben, ist nachvollziehbar, aber entscheidend ist niemals die exakte Schlagabfolge an sich, sondern wie so oft, ihre Interpretation. Wenn wir uns als Musiker einem Musikstil nähern wollen, dann ist es unabdingbar, dass wir ihn hören und dadurch emotional erfahren. Ich selbst hatte auch Schlagzeuglehrer, die mir Swing nach einem Lehrbuch beibringen wollten. Das geht natürlich nicht, und man wird mit dieser Methode immer kläglich scheitern.

Ein Musiker kann nur den Stil authentisch spielen, den er emotional erfahren hat. Man spricht hier von Internalisierung eines Stils. Das bedeutet, dass am Anfang einer Annäherung an einen neuen Musikstil das intensive Zuhören und das daraus resultierende emotionale Begreifen stehen muss.

Ein erfahrener Dozent gibt seinem Schüler Hörbeispiele, damit sich dieser dem Stil erst einmal rein emotional nähern kann. Wenn diese emotionale Annäherung nicht gelingt – sei es, dass dem Lernenden der Stil überhaupt nicht gefällt oder dass er ihn nicht versteht – dann ist eine weitere Beschäftigung mit dem Musikstil nicht empfehlenswert. Ich vertrete die Ansicht, dass ein Dozent in jedem Fall bei seinen Studenten den Versuch machen sollte, sie für neue Stile zu begeistern.

Ich habe schon erstaunliche Erfahrungen gemacht: Wenn Heavydrummer sich dem Jazz öffnen, werden sie dadurch ihr Instrument in einem völlig neuen Zusammenhang sehen. Dieser neue Zusammenhang ist wiederum für ihre favorisierte Stilrichtung von Vorteil, denn die Erweiterung des musikalischen Repertoires wirkt sich natürlich auch auf den eigenen Stil immer sehr positiv aus. Die Annäherung an einen neuen Musikstil sollte also immer

---

46   Selbstverständlich haben alle beteiligten Instrumente ihre stiltypischen Figuren und Patterns. Die Art der Harmoniefolge und eine typische Melodieführung gehören ebenso zu einem Musikstil wie grundlegende Rhythmen und Grooves.

erst über den Weg der Emotionen gemacht werden und nicht über den Weg, gleich von Beginn an Figuren, Patterns und Kombinationen dieses Stils zu üben.

Es fällt einem Jazz-Schlagzeuger genauso schwer, einen einfachen Achtel-Groove aggressiv und heavy zu spielen, wie es einem Heavydrummer schwerfällt, eine Viertel-Ride Cymbal-Figur so zu spielen, dass sie sich auch nur im Entferntesten nach Swing anhört. Durch die Beschäftigung mit den unterschiedlichsten Stilen wird das eigene Schlagzeugspiel nachhaltig positiv beeinflusst und der musikalische Horizont erweitert. Das geschieht aber nur, wenn man sich mit einem Stil grundlegend befasst und ihn nicht nur anhand einer Schlagabfolge erlernen will. Das kann nicht klappen.

Zu einer guten und soliden musikalischen Ausbildung gehört also auch eine umfassende Kenntnis der verschiedenen aktuellen und traditionellen Musikstile[47]. Erst wenn ein Stil emotional erfasst ist, sollte man beginnen, ihn auch von der technisch-handwerklichen Seite her anzugehen.

VI.5   Kopieren erlaubt und sogar erwünscht

„Es ist alles nur geklaut", singen die Prinzen und lassen sich darüber aus, wie oft Musiker und Künstler sich das geistige und kreative Eigentum von anderen Musikern und Künstlern zu eigen machen. Die allgemeine Auffassung ist: Das ist verpönt und gehört sich nicht! Kopieren und Abkupfern sind keine guten Voraussetzungen, um kreativ zu arbeiten. Aber ist das wirklich so? Und warum sollte es so sein?

Für den Prozess des Lernens und Entwickelns muss man die Frage, wie weit man kopieren darf, völlig anders beantworten. Während des Lernprozesses sind gerade auch das Kopieren und Abkupfern wichtige pädagogische Hilfsmittel. Wie könnte es denn auch anders sein? Der Lernende versucht,

---

[47]   Mit den grundlegenden Spannungsverläufen eines Stils habe ich mich schon in vorhergehenden Kapiteln beschäftigt.

längst schon etablierte und auch gängige Muster, Patterns und Figuren, Klänge und Melodien, ja ganze Musikstücke so zu spielen, wie sie immer gespielt wurden und auch gespielt werden sollen.

In der „klassischen" Ausbildung ist die Entwicklung von eigenen kreativen Potentialen niemals Schwerpunkt der Ausbildung, sondern immer das Reproduzieren von Bestehendem – und das möglichst gut und originalgetreu. Das gleiche Prinzip wirkt natürlich auch in der Popularmusik. Ein Blues soll wie ein Blues klingen und nicht wie ein Folk- oder Rocktitel. Die Herangehensweise an die verschiedenen Musikstile habe ich ja im vorigen Kapitel schon erläutert. Der innere, der emotionale Zugang ist der entscheidende, und für diesen Zugang muss man sich erst einmal mit einem Stil vertraut machen. Man versucht zuerst, diesen Stil zu kopieren. Hat man dies geschafft, wird man mit der Zeit seinen individuellen Zugang zu ihm finden. Ich gehe aber bei der Betrachtung von „Kopieren" noch einen Schritt weiter:

In den meisten Fachmagazinen können wir Transkriptionen finden, bei welchen dem interessierten Leser bis ins kleinste Detail erklärt wird, wie Drummer XY das berühmte Fill oder den coolen Groove von Titel so und so spielt. Es wird exakt dargestellt, mit welcher Schlagabfolge oder welcher Kombination welches Instrument gespielt wird. Nun soll sich also der interessierte Leser inspiriert fühlen, diese Figuren und Kombinationen, Licks oder Patterns exakt nachzuspielen. Ich gebe zu, dass das manchmal auch einen gewissen Reiz hat, und manchmal ist auch tatsächlich die genaue Kenntnis einer Figur hilfreich. Was ich aber für viel wichtiger erachte als das sture und detaillierte Kopieren und Nachspielen von Figuren, nenne ich „musikalisches Kopieren". Was ich damit meine ist Folgendes:

Entscheidend für die Entwicklung eines Musikers ist nicht das stereotype Nachspielen von Figuren, sondern der musikalische Umgang mit denselben. Wenn man also eine bestimmte Figur hört, die einem gefällt, so ist der bessere und weitaus hilfreichere Weg der, dass man versucht, die musikalische Idee dahinter zu verstehen und diese mit den eigenen technischen und rhythmischen Fähigkeiten umzusetzen. Das ist der Unterschied zum Erlernen mit

Hilfe einer Transkription. Um diesen Prozess besser zu verstehen, nehmen wir als Beispiel eine bekannte Figur:

Den berühmten Groove von Steve Gadd im Strophenteil von "Fifty Ways to Leave Your Lover" von Paul Simon[48]. Dieser Groove ist den meisten Schlagzeugern bekannt und wird immer wieder gerne nachgespielt. Der Handsatz, die Kombinationen und die verwendeten Instrumente sind klar, nicht zuletzt, weil Steve Gadd in seinem ersten veröffentlichten Video[49] diesen Groove bis ins Detail erklärt.

Nun kann also der interessierte und lernbegierige Drummer diesen Groove üben, mit exakt dem gleichen Handsatz, mit dem der Meister selbst ihn gespielt hat und auch noch spielt. Im Idealfall kommt er dabei dem Original auch ziemlich nahe. Exakt erreichen wird er es aber nie, denn ein Original bleibt immer ein Original. Er wird ihn auch nie einsetzen können, denn es bleibt ja ein Steve Gadd-Groove. Höchstens als Zitat wird dieser Groove Verwendung finden können.

Ich plädiere in so einem Fall statt für exaktes Nachspielen für das musikalische Kopieren. Im ersten Schritt des musikalischen Kopierens muss man verstehen, welche Spannungsverhältnisse Steve Gadd mit dieser Art Groove erzeugt, welche dynamischen Verhältnisse wirken und welche musikalische Aussage gemacht werden soll.

Erst wenn der Groove in allen seinen musikalischen (nicht technisch-handwerklichen) Bestandteilen analysiert ist, kann man zum nächsten Schritt kommen: die eigene Umsetzung. Hier ist es ratsam, dass man den Versuch unternimmt, mit den eigenen technischen und rhythmischen Hilfsmitteln, Fähigkeiten und Möglichkeiten den gleichen musikalischen Ausdruck zu kreieren, wie Gadd es getan hat. Logischerweise kommt dadurch ein völlig anderer Handsatz, auch eine andere Figur heraus. Man könnte sagen, der Drummer entwickelt einen Steve Gadd-ähnlichen Groove, aber mit Hilfe

---

48   „Fifty Ways To Leave Your Lover", Paul Simon, LP Still Crazy After All These Years,1975

49   Steve Gadd, Up Close, Video 1983

seiner eigenen Möglichkeiten. Er versucht, die rhythmisch-musikalische Idee des Originals zu reproduzieren. So entsteht ein tieferer musikalischer Zugang und der Musiker lernt, musikalische Aspekte wichtiger zu nehmen als technische.

Nun kommt sicher der Einwand, dass der Groove ja dann erst recht nicht wie das Original klingen kann. Weit gefehlt! Ich habe schon öfter Studenten gehabt, die den "Fifty Ways to Leave Your Lover"-Groove nahezu perfekt in seiner musikalischen Wirkung gespielt haben, ohne dessen Handsatz zu verwenden – mit eigenen Ideen und eigenen Handsätzen[50]. Denn die meisten musikalischen Bewegungen kann man mit den verschiedensten Figuren erreichen.

Das soll natürlich nicht heißen, dass es keinen Sinn hat, auch einmal ganz genau zu klären, wie ein Drummer eine ganz spezielle Figur spielt oder verwendet. Manchmal kann es auch vorkommen, dass ein Student die musikalische Spannung mit seinen eigenen Hilfsmitteln nicht erreicht oder nur ansatzweise. Dann kann es ratsam sein, sich ganz genau anzuschauen, wie ein Groove oder ein Pattern im Detail gespielt wurde. Aber nach meiner Erfahrung ist das selten notwendig. Viel weiter kommt man mit dem Prinzip des musikalischen Kopierens. Wir schulen damit unsere Musikalität und unsere musikalischen Ausdrucksmöglichkeiten.

Erst im Laufe der Zeit, im Laufe der Jahre wird ein Drummer seinen eigenen Stil finden können. Er ist während seiner Ausbildung und auch danach gut beraten, sich vielen unterschiedlichen Stilen und Figuren, Patterns und Grooves musikalisch zu nähern und diese musikalisch zu kopieren. Erst durch das musikalische Kopieren, durch das musikalische Verstehen und „Nachempfinden-Können", warum diese oder jene Figur eine spezielle musikalische Ausdrucksform erzeugt, wird er seinen eigenen Stil finden. Das ist natürlich ein langwieriger, sich ständig verändernder Prozess, der nie ein Ende findet und auch nicht finden kann, außer wenn ein Musiker aufhört, sich weiterzuentwickeln. Im Idealfall aber geht diese Entwicklung immer weiter.

50	Danke an Willy Heim für die ungewöhnlichste und interessanteste Interpretation.

Musikalisches Kopieren gehört in jedem Fall mit dazu. Es ist keine Schande, sondern zeugt von großer musikalischer Reife, wenn man von anderen Musikern lernen möchte. Nicht auf der Ebene der Figuren, den nachgespielten Schlägen, sondern auf der musikalischen Ebene, dem musikalischen Ausdruck. Durch diese Art des Lernens, durch diese Herangehensweise bereichert man seinen eigenen, sich langsam ausbildenden Stil um wichtige Elemente.

Musikalisches Kopieren wird im Laufe der Zeit zum musikalischen Interpretieren.

Aus der Kopie wird eine Interpretation und ein eigenständiger Ausdruck. Das ist es, was die guten Musiker ausmacht: eine Hommage an andere Musiker, eine Verneigung vor den großen Musikern der Welt. Diese haben uns die erstaunliche Vielfalt der musikalischen Bewegungen und der emotionalen Ausdrucksfähigkeit mit Hilfe unserer Instrumente erst ermöglicht. Davon zu lernen und dadurch zu reifen, dies zu verstehen und anzuwenden ist eine zentrale Aufgabe. Diese Aufgabe vereint alle Musiker, denn im Idealfall lernt jeder von jedem. Dass wir Schlagzeuger heute auf dem Niveau spielen, wie wir es tun, verdanken wir nicht alleine unserer Fähigkeit, unser Instrument technisch exzellent zu bedienen, sondern vor allem verdanken wir es den Generationen vor uns, die für uns diese unglaubliche musikalische Welt erobert haben – die mit ihrer Musikalität, ihrer kreativen Fähigkeit und ihrem Mut neue Ebenen in der Musik erreicht haben.

VI.6   Fill In-Konzepte

Fills, ein nahezu unerschöpfliches Thema. Es gibt kaum einen Studenten, der mich nicht nach tollen und interessanten Fills fragt. Wie kann man sie entwickeln? Welches Fill soll man an dieser oder jener Stelle verwenden? Ist dieses Fill gut oder jenes? Fragen über Fragen. Bevor wir ihnen nachgehen, erst einmal eine grundsätzliche Anmerkung, die ich für dringend nötig halte: Fills sind kein Tummelplatz für Figuren oder Licks, Patterns oder Kombinationen, sondern Fills haben immer eine musikalische Funktion zu erfüllen. Leider treffen wir immer noch häufig auf Kollegen, die die grundlegenden musikalischen Aufgaben von Fills nicht erkennen können oder wollen oder auch beides. Bei ihnen klingen Fills gemäß dem Motto: „Jetzt bin aber ich dran!" und sie zeigen an den unmöglichsten Stellen, welche Figuren sie in ihrem Repertoire haben – ohne Rücksicht auf Verluste und manchmal tatsächlich auch ohne Gnade[51].

Betrachten wir die musikalischen Grundformen von Fills, stellen wir fest, dass es eigentlich nur drei Arten von Fills gibt: Erstens das Fill, das ich als Wiederholungsfill bezeichne. Also ein Fill, das zwei gleiche musikalische Formteile voneinander trennt, etwa zwei Strophen. Dann gibt es ein aufsteigendes Fill, beispielsweise zwischen Bridge und Refrain, bei welchem der Spannungsbogen nach oben geht, und schließlich ein absteigendes Fill, beispielsweise zwischen Refrain und Strophe, bei dem der Spannungsverlauf nach unten geht. Bei jedem dieser drei Fills gilt aber, dass es sich in den Groove einpassen muss und aus der Musik generiert.

Ein exzellenter Schlagzeuger wird immer versuchen, zu hören, welches spezielle Fill an einer bestimmten Stelle passt, anstatt in seinem Repertoire zu suchen, welche der eingeübten Figuren wohl passen könnte. Die Musik

---

51   Hier sind natürlich auch die anderen Instrumentalisten angesprochen, nicht nur wir Schlagzeuger. Bassisten und Gitarristen sind manchmal ebenso übermütig wie die Drummer. Allerdings sind die Auswirkungen bei Schlagzeugern fataler.

bestimmt den Fluss des Fills. Damit kommen wir zu einer weiteren grundlegenden Überlegung: Ein Fill steht nie im luftleeren Raum, es gibt musikalische Ereignisse davor und danach. Daraus resultiert, dass das Fill A an
der Stelle X nicht automatisch auch als Fill an der Stelle Y passt. Und selbst
wenn das Fill noch so einfach ist, entscheidet das musikalische Umfeld, ob es
gut passt und den Song in seinem Spannungsverlauf unterstützt, oder nicht.
Es ist schon so oft gesagt und auch ich wiederhole es hier nochmals:

Weniger ist mehr. Absolut. Mit meinen Studenten mache ich daher immer
zu Anfang unserer Arbeitseinheit „Fills" folgende Übung: Man spielt einen
einfachen Groove mit Snare auf Zwei und Vier, die Bassdrum irgendeine
einfache Achtelfigur, die rechte Hand spielt Achtel auf der Hihat. Nun immer
in der viertaktigen Form drei Takte Groove und einen Takt Fill. Bei dem Fill
gilt die Regel, dass die Snare ebenso wie beim Groove immer auf Zwei und
Vier zu hören ist. Mit derselben Intensität wie sie auch im Groove gespielt
wird.

Man darf keinen Unterschied merken, weder in der Dynamik noch im Tempo der Snareschläge; der Herzschlag der Musik bleibt also immer gleich.
Um die Zwei und die Vier herum hat man nun genügend Platz, sich auf Toms
und/oder Becken auszutoben, um eine der drei Grundfillarten zu spielen.
Probiert es einmal aus. Es ist gar nicht so einfach. Ich garantiere aber, dass,
wer diese Übung mit Erfolg und vielen unterschiedlichen Kombinationen
spielen kann, in seinen Fills sicher und fest wird. Erst wenn diese „einfache"
Übung gut funktioniert, wendet man sich anderen und komplexeren Figuren
zu, immer mit dem Augenmerk darauf, dass weder der Fluss noch die Dynamik sich entscheidend ändern. Im Laufe der Übung wird man feststellen, wie
wenig man spielen muss, um einen bestimmten Effekt zu erzielen.

VI.7   Improvisation oder Die Kunst, frei zu reden

Mit meinen Studenten beschäftige ich mich immer ausführlich mit dem Thema „Improvisation". Was soll das sein und wie kann man Improvisieren lernen? Im allgemeinen Sprachgebrauch hat sich durchgesetzt, dass man unter Improvisation eine spontane, kreative Handlung versteht. Es ist also eine Handlungsanweisung, die uns im Alltag und bei der Lösung der unterschiedlichsten Probleme helfen kann.

In unserem Zusammenhang meint Improvisation das spontane musikalische Reagieren auf eine bestimmte musikalische Situation. Zur Verdeutlichung eignet sich die Analogie mit der Sprache wieder hervorragend: Im Normalfall sprechen wir alle improvisiert. Das heißt, das Sprechen entsteht in exakt demselben Augenblick wie unsere Gedanken. Denken und Sprechen sind fast derselbe Vorgang. Das geht natürlich nur in einer Sprache, die man fließend spricht. Beherrscht man eine Fremdsprache nicht richtig, formuliert man zuerst den Text im Kopf, bevor man ihn ausspricht. Wenn man in einer Fremdsprache eine kleine Rede oder kurze Ansprache über ein bestimmtes Thema halten muss, ist man gut beraten, wenn man diese Rede im Voraus ausarbeitet, um sie dann von einem Manuskript abzulesen. Bei guten Rednern ist nicht zu bemerken, ob sie von einem Manuskript ablesen oder nicht. Wenn man eine kleine Rede oder Ansprache in seiner Muttersprache halten muss, genügen meistens Stichworte, um den roten Faden nicht zu verlieren. Die detaillierte Ausgestaltung wird improvisiert. Exzellente Redner sprechen ganz ohne Manuskript, völlig frei, sie improvisieren die gesamte Rede. Die gleichen Prinzipien gelten auch in der Musik. Nur wenn wir die rhythmische Sprache internalisiert haben, wenn wir sie verinnerlicht haben, sind wir in der Lage, völlig frei zu improvisieren. Natürlich kann man nur diejenigen rhythmischen Wendungen in sein Spiel einbauen, die man verinnerlicht hat. Daher ist es auch so wichtig, die rhythmischen Grundlagen zu erlernen. Aber auch mit einem bescheidenen „Wortschatz" kann man schon anfangen zu improvisieren. Man muss einfach nur die gelernten Figuren spontan und

105

kreativ einsetzen. Ich bin überzeugt davon, dass frühes Improvisieren am Instrument, auch wenn man noch wenig Erfahrung damit gesammelt hat, die Entwicklung drastisch beschleunigen kann.

Improvisation ist also freies Musizieren – manchmal in einem vorgegebenen Rahmen[52], manchmal auch völlig frei. Entscheidend ist, dass man versucht, einen spontanen musikalischen Ausdruck zu entwickeln, ganz direkt und ohne Vorbereitung. So kann zum Beispiel auch ein absoluter Anfänger nur mit abwechselnden rechten und linken Schlägen auf dem Schlagzeug richtig interessant und auch schon ausdrucksstark improvisieren, wenn er die Parameter, die wir zur Verfügung haben – Dynamik, Tempo und Orchestrierung – beachtet und seiner Kreativität freien Lauf lässt. Aus dieser Betrachtung wird deutlich, dass man nur internalisierte rhythmische Figuren in einer Improvisation einsetzen kann. Die Spitzendrummer der Welt machen uns vor, wie exzellent man die rhythmische Sprache mit all ihren Nuancen am Schlagzeug umsetzen kann, und das auch ganz direkt und spontan. Dies ist Improvisation in Reinkultur. Da Improvisation grundsätzlich ein kreativer Vorgang ist, möchte ich im nächsten Kapitel die Prinzipien der Kreativität am Schlagzeug darstellen.

---

52   Ein vorgegebener Rahmen ist zum Beispiel ein bestimmtes Musikstück im Jazz. Dabei muss man sich an die spezielle Struktur des Stückes halten. Soloinstrumentalisten haben neben der Form auch noch die Harmoniestrukturen zu beachten. Selbstverständlich setzt auch der Musikstil einen Rahmen, in dem man sich bewegen muss. Völlig freie Improvisationen gibt es nur im solistischen Spiel oder im Freejazz.

VI.8   Kreativität – ein kurzer Exkurs

Kreativität ist heute ein abgedroschenes und abgenutztes Wort[53]. Jeder benutzt es und es gibt mittlerweile kaum ein Gebiet, in welchem wir nicht kreativ sein sollen. Da wir Musiker zur Gruppe der Kreativen gehören, verfolgt uns dieser Begriff geradezu. Trotzdem muss ich immer wieder feststellen, dass auch hier das Wissen um die Bedeutung dieses Begriffs und des kreativen Vorgangs noch immer sehr bescheiden ist. Daher hier ein kurzer Exkurs zu diesem großen Thema.

Kreativität meint im ureigensten Sinne nie, etwas Neues zu erfinden oder etwas Neues zu kreieren, obwohl das die landläufige Meinung ist.

Kreativität ist die Fähigkeit, Bestehendes
in einen neuen Zusammenhang zu bringen.

Ein Maler kann ebenso wenig neue Farben erfinden wie ein Musiker neue Töne erfinden kann. Der Maler kombiniert Farben lediglich neu, ebenso wie der Musiker nur Töne und Harmonien neu zusammensetzen kann. Der Kreative schöpft immer aus dem Pool der Möglichkeiten, die schon vorhanden sind. Die schöpferische oder kreative Fähigkeit besteht also in der Kombination und Variation bzw. Modulation der bestehenden Möglichkeiten.

Auf unser Gebiet übertragen bedeutet das: Ein Schlagzeuger wird keine neuen Rhythmen erfinden können sondern die vorhandenen in neue Zusammenhänge setzen. Es mag sein, dass diese Rhythmen dann völlig neu klingen, sie sind aber immer aus bekanntem Material zusammengesetzt. Dieses

---

53   Kreativität ist ein umfassend wissenschaftlich untersuchtes Phänomen. Unzählige Wissenschaftler haben sich damit auseinandergesetzt. Ich erhebe bei meiner Betrachtung daher keinerlei wissenschaftlichen Anspruch, sondern ich versuche, Kreativität so zu übersetzen, dass sie uns als Musiker nähergebracht wird.

Prinzip gilt für alle Kunstformen, wie auch für die empirische Wissenschaft und die Industrie[54].

Die eigentliche Idee, die am Anfang eines kreativen Prozesses steht, ist meistens ziemlich banal, ihre Ausführung ist die Kunst. Beispiel gefällig? Es gibt so viele, eines jedoch finde ich sehr anschaulich: Die Idee, dass der Mensch auf dem Mond landet. Diese Idee ist fast so alt wie die Menschheit, aber die Umsetzung dieser faszinierenden Idee hat Jahrtausende gedauert. Andere gute Beispiele sind das Fliegen oder medizinische Fortschritte.

Fast immer ist die zugrunde liegende Idee einfach, aber die Ausführung derselben höchst schwierig. Um bei der Ausführung erfolgreich zu sein, benötig man große Anstrengung und viel Kreativität. Das Beispiel der Mondlandung ist hierbei auch wieder passend, denn es gibt keinen Menschen auf der Welt, der alle Aspekte einer Mondlandung, also alle technischen und logistischen Vorgänge, genau kennt. Viele kreative Köpfe haben gemeinsam die Herausforderungen gelöst, wobei jeder für ein spezielles Fachgebiet zuständig war und auf diesem Gebiet kreative und innovative Lösungen hervorbringen musste.

Was hat das nun mit Musik zu tun und mit dem Schlagzeugspielen? Eine ganze Menge, denn die Prinzipien der kreativen Vorgänge sind immer die gleichen: Eine relativ banale Idee, ein neues Musikstück oder ein Drumsolo, mit nahezu unendlich vielen kreativen Möglichkeiten zum Erfolg zu bringen. Misserfolge gehören selbstverständlich auch zum kreativen Prozess. In der Raumfahrt sind die Misserfolge offensichtlich. In der Musik werden wir zum Glück oft davor verschont, denn unzählige Titel sind komponiert worden aber nie aufgenommen worden, da sie sich nicht als dessen würdig erwiesen haben. Das schützt uns aber leider nicht vor Musiktiteln, von denen wir als Musiker sagen, dass sie es nicht wert sind, an die Öffentlichkeit zu dringen.

---

54   In der Wissenschaft und in der Industrie spricht man allerdings nicht von Kreativität, sondern von Innovation. Die Bedeutung unterscheidet sich jedoch nur minimal.

Die daraus resultierende wichtige Handlungsanweisung an einen Musiker, der kreativ werden will, lautet also: Tu es! Das ist der erste Schritt, einfach mal losgehen. Ein Schritt verändert die Perspektive sowohl räumlich wie auch im übertragenen Sinn. Man sieht danach Dinge, die man vorher nicht gesehen hat. Man muss noch eine weitere Eigenschaft besitzen, mit der viele sich schwertun: Die eigene Kritikfähigkeit am Geleisteten. Ist die erste Etappe, die erste Herangehensweise so gut, dass ich sie weiterverfolge? Lohnt es sich, weiterzumachen oder soll ich die Idee verwerfen? Sämtliche Musiker, die ich bisher zu diesem Punkt befragt habe, meinten, dass von zehn Ideen eine oder zwei gut seien, es gibt also einen ziemlich großen Ausschuss. Das ist logisch und systembedingt, erfordert eine gehörige Portion Mut und Erfahrung, aber nur so geht es. Wir können sicher sein, dass sämtliche Spitzenmusiker einen ebenso großen Ausschuss haben wie wir selbst, nur werden wir diesen nie zu hören bekommen.

Nun zu einer weiteren sehr wichtigen, wenn auch eigentlich einfachen, Erkenntnis: Das Ende eines kreativen Prozesses ist niemals vorhersehbar! Denn wenn ich im Voraus schon den Weg kennen würde, den ich gehen muss, um eine Idee X oder Y zum Erfolg zu führen, bräuchte ich keine kreative Energie mehr. Also ist gerade dieses „Nichtvorhersehen-Können" ein wichtiger und ganz entscheidender Gesichtspunkt. Man braucht auch hier Mut, man muss Vertrauen in seine eigenen Fähigkeiten und Lust auf Neues haben. Erst wenn man diese Eigenschaften in sich entdeckt hat, wird man kreativ werden können. Wenn man diesen Weg beschritten hat – Tun – Bewerten – Weitermachen – Bewerten usw., kommt irgendwann der Punkt, an dem eine Entscheidung getroffen werden muss: So lasse ich es erst einmal stehen!

Der Song ist fertig, die Rakete ist gebaut, und nun kommt die Testphase: Ich stelle mich meinem Publikum bzw. ich probiere das Ergebnis aus. In der Regel sind die ersten Versuchspersonen ein kleiner Kreis von Bekannten, Mitmusikern etc. Der Schriftsteller legt sein Buch zuerst seinem Lebenspartner vor, ebenso wie der Maler sein neues Bild zuerst seinen Bekannten und Freunden zeigt. Der Musiker lässt vielleicht zuerst seine Bandkollegen das neue Stück hören. Nach diesem ersten Vorstellen kommt auch die erste Welle an fremder Kritik. Die muss man aushalten können, und wer klug ist, hört hier ganz genau hin. Danach kommt eine weitere Arbeitsphase, in der die Kritik verarbeitet wird. Dieser Ablauf kann sich auch mehrmals nacheinander abspielen.

Erst danach steht die entgültige Entscheidung an: Nun ist es fertig. Nach der endgültigen Präsentation vor Publikum gibt es kein Zurück mehr. Der Prozess ist durchlaufen, aber der Kreative ist mit seiner Arbeit nicht fertig, er wird sich sofort wieder einer neuen Idee widmen und an ihrer Umsetzung kreativ arbeiten. Er bleibt also in seiner persönlichen kreativen Entwicklung nicht stehen, sondern entwickelt sich immer weiter.

Was heißt das nun für uns als Schlagzeuger? Ich möchte allen Mut machen, neue Ideen auszuprobieren, sich von den breiten, ausgetretenen Pfaden zu lösen und auch einmal mutig etwas Neues zu wagen. Das ist höchst befriedigend und hilft uns, unsere Kunst weiterzuentwickeln. Kreative Übungen gibt es wie Sand am Meer: Die Flussübungen eignen sich hervorragend, aber auch viele der anderen Konzepte, von denen in diesem Buch die Rede ist, eignen sich gut. Auch für das nächste Thema, dem ich mich widmen möchte, ist der Einsatz von Kreativität essentiell wichtig: Das Schlagzeugsolo.

VI.9   Nicht die Pflicht, aber die Kür – das Drumsolo

Das Schlagzeugsolo – der langweiligste Part eines Konzertes für die einen, der spannendste für die anderen. Bei diesem Thema scheiden sich die Geister. Ich für meinen Teil kann die Frage, ob mir Drumsoli gefallen, nicht grundsätzlich beantworten. Ich habe schon viele exzellente Soli gehört und auch schon viele schlechte und langweilige.

Für mich steht aber aus pädagogischen Gründen fest, dass sich jeder Schlagzeuger mit dieser Kunstform beschäftigen sollte. Auch und vor allem die Schlagzeuger, die sich nur der Begleitung verpflichtet fühlen.

Sätze wie: „Ich bin nur ein Groovedrummer" hört man immer wieder. Das kann aber nicht bedeuten, dass man sein Instrument nur in einem so komplexen Kommunikationsumfeld, wie es in einer Band anzutreffen ist, bedienen kann. Nur mit Hilfe des solistischen Musizierens kann man sein eigenes musikalisches Potential voll ausschöpfen und entwickeln. Daher ist ein Drumsolo für einen Lernenden, und wir sind ja alle immer Lernende, eine ganz wichtige Spielart, sich an seinem Instrument auszudrücken. Und ich kann versprechen, wer es einmal richtig ausprobiert hat, wird immer wieder daran arbeiten.

Unabhängig davon, ob man das Solo vor Publikum spielt oder nur für sich, in jedem Fall wird die Beschäftigung damit musikalische Entwicklungen in Gang setzen. Nun kommt sicher der Einwand, dass der berühmte Schlagzeuger X oder Y ja auch nie ein Solo gespielt hat! Wenn man den Begriff „Solo" nur für eine solistische Darbietung vor Publikum verwendet, so ist dieser Einwand sicher berechtigt. Wenn man aber unter einem Solo einen zusammenhängenden musikalischen Ausdruck versteht, den ein Musiker alleine entwickelt, dann sieht die Sache schon anders aus. Auch die Schlagzeuger, die nic vor Publikum oder auf CDs ein Solo gespielt haben, wissen um die musikalischen Strukturen, die ich im Folgenden ansprechen werde, und haben diese verinnerlicht, wenn nicht vor Publikum dann jedenfalls für sich im Proberaum.

Was ist nun an einem Solo so wichtig? Ganz einfach: Alle musikalischen Ausdrucksformen muss der Solist ganz alleine darstellen. In einem Bandgefüge ist der einzelne Musiker immer nur ein Teil des Ganzen. Der Solist muss aber alle musikalischen Parameter in sich vereinen und wiedergeben können, und genau um diese Eigenschaften geht es. Um zu einem befriedigenden Ergebnis zu kommen, gibt es vorab einige wichtige Fragen, die sich der Solist stellen muss.

Eine Frage aber steht vor allen anderen: An wen richte ich mein Solo? Habe ich ein anspruchsvolles Publikum, vielleicht sogar ein Fachpublikum, oder spiele ich mein Solo bei einer Faschingsveranstaltung? Die Frage nach dem Adressaten ist in jedem Kommunikationsprozess die entscheidende, denn wenn man in einer normalen Unterhaltung nur mit Fachwörtern um sich wirft, wird man oft nicht verstanden, und wenn man auf einem Fachkongress in einfacher Umgangssprache redet, liegt man auch daneben, denn man betrachtet den Adressaten nicht. Wenn man mit seinem Spiel seine Zuhörer begeistern will, ergibt sich alles andere wie von selbst, denn man wird bereit sein, auf die Hörgewohnheiten des Zuhörers zu achten, um diesem zu gefallen. Wenn man darauf jedoch keinen Wert legt, kann man natürlich machen, was man will, handelt sich dafür aber auch entsprechende Kritik ein.

Ist die Frage nach dem Adressaten beantwortet, stellt sich die nächste Frage: Welchen Spannungsverlauf verwende ich? Der Spannungsverlauf ist der rote Faden, an dem ich mich während meines ganzen Solos orientiere. Was ein Spannungsverlauf ist, und ob er gut ausgeführt ist, kann ich am besten durch folgendes Beispiel deutlich machen: Jeder kennt sicher die Situation, dass man zögert, einen Musiktitel mittendrin abzuschalten, wenn man keine Musik mehr hören möchte. Man hört trotzdem noch bis zum Refrain oder oft auch bis zum Ende weiter, bevor man auf den Ausknopf drückt. Wenn man mitten in einem Titel ausschalten würde, hätte man ein ungutes Gefühl. Wenn das zutrifft, dann hat dieser Titel für den Zuhörer einen nachvollziehbaren Spannungsverlauf, den man unbedingt noch bis zum Ende hören möchte. Das ist bei guten Songs, bei guten Filmen und auch bei allen Unterhaltungsshows[55] so. Der Spannungsverlauf ist *das* entscheidende Kriterium. Wenn er abbricht oder keine Bewegung mehr hat, tritt das ein, was wir auf jeden Fall vermeiden wollen: Langeweile. Das ist das Schlimmste was passieren kann. Den Spannungsverlauf kann man am besten mit Hilfe einer Kurve darstellen.

---

55   Natürlich unterliegen sämtliche Darbietungen und Präsentationen diesen Kriterien, auch eine Nachrichtensendung oder eine Diskussionsrunde und ähnliches.

Dabei ist die x-Achse des gedachten Schaubilds die Zeit und die y-Achse die Spannungsintensität. Die Kurven sehen in der Regel aus wie Hügel oder sie steigen immer weiter an, vielleicht mit ein oder zwei Höhepunkten. In jedem Fall aber ist darin immer eine Bewegung, nie ein Stillstand. Es gibt naturge-mäß unendlich viele Kurven, jedoch haben sich in der Praxis einige wenige etabliert, die immer wieder vorkommen. Wenn nun die Frage nach der Kurve beantwortet ist, verteilt man seine möglichen Figuren und Kombinationen in dieser Kurve, entsprechend dem Spannungsverlauf. Nun muss man sich noch um die Übergänge zwischen den einzelnen Teilen kümmern und sich überlegen, ob man das Solo in einem festen Metrum spielt oder ob das Tempo frei sein soll oder beides. Damit hat man die Hauptarbeit erledigt, der Rest ist Fein-Tuning. Bei Teilen ohne Tempo haben sich einige Ideen herauskristal-lisiert, die man als Kreativitätshilfe bezeichnen kann. So ist die Vorstellung einer Situation aus dem täglichen Leben eine gute Idee. Ein Beispiel: Man versucht, klanglich ein Gewitter darzustellen, mit Blitz und Donner, starkem und feinem Regen etc., oder man stellt sich einen Flughafen vor mit vielen Menschen, röhrenden Triebwerken, startenden und landenden Flugzeugen, und versucht, dieses Bild musikalisch umzusetzen. Solche Ideen sind als In-spiration gedacht. Der Zuhörer merkt davon nichts. Einer meiner Studenten hat einmal ein Solo als ein imaginäres Cowboyduell aufgebaut! Man sieht, auch hier sind der Kreativität keine Grenzen gesetzt. Es kommt natürlich nicht auf diese Inspirationsidee alleine an, denn die Umsetzung bringt wahr-lich noch genug Probleme mit sich. Was diese Idee jedoch garantiert, ist der rote Faden, der Spannungsverlauf, dem ja immer gefolgt werden muss.

Für Soloteile mit festem Metrum habe ich auch einige Anregungen parat. Wie wäre es denn, wenn man einmal ein Volkslied als roten Faden nimmt? „Hänschen klein" ist einfach zu verwenden. Der Vorteil liegt auf der Hand: Wenn man sich für ein Volkslied entscheidet, bekommt man automatisch die richtigen Proportionen der einzelnen Teile geliefert. Das ist einfach und höchst effektiv[56]. Eine weitere Idee ist das bewährte Frage-Antwort Prinzip. Man kann sich auch ein musikalisch melodisches Motiv suchen und dieses variieren. Man sieht, es gibt genug Ideen. Der Haupteffekt eines Drumsolos ist also die Beschäftigung mit den Spannungsverläufen, mit der musikalischen Ausdrucksfähigkeit und den dadurch zu vermittelnden Emotionen. Wenn das gelingt, und das Solo auch noch mit rhythmischen Finessen und atemberaubenden Kombinationen dargeboten wird, kann ein Schlagzeugsolo zumindest für uns Schlagzeuger tatsächlich zum Höhepunkt eines Konzertes werden. Auf jeden Fall sollte jeder Drummer auf diesem Gebiet Erfahrungen sammeln, um sich musikalisch zu entwickeln. Ob vor Publikum oder nicht, ist dabei völlig unerheblich. Alleine zu musizieren und alle Aspekte mit einzubeziehen, ist das, worauf es mir hier ankommt.

VI.10 Wieso nur immer alleine?
Eine kleine „Diskussionsrunde" zu zweit

Kommunikation benötigt zwei Seiten um zu funktionieren. Bei einer gelungenen Kommunikation wechseln sich diese beiden Seiten mit Reden und Zuhören gleichmäßig ab. Wie das in einer geordneten Diskussionsrunde vor sich geht, weiß eigentlich jeder. Das übertragen wir nun auf das Trommeln.

Im drum department haben wir die Tradition, mit allen unseren Gastdozenten sogenannte „Four-Measure-Phrases" (Vier-Takt-Phrasen) zu spielen. Manche bezeichnen dies auch als „Drumbattle". Diesen Begriff finde ich persönlich jedoch unpassend, denn wir ziehen nicht in die Schlacht, um den anderen zu bekämpfen oder etwa zu besiegen, sondern wir treten in Kommu-

---

56   Auch die Spitzenleute behelfen sich oft mit solchen kleinen „Tricks". Ein berühmter Jazzschlagzeuger erzählte mir einmal, dass er gerne seine Soli über die Titelmelodie von den „Flintstones", einer amerikanischen Comic-Serie, spielt. Na also, diese Konzepte sind von höchster Stelle abgesegnet!

nikation miteinander, wenngleich ich zugeben muss, dass es dabei auch schon recht hitzig zugehen kann, und so manches „Wortgefecht" ausgetragen wird. Das Procedere einer solchen Four-Measure-Phrase ist denkbar einfach: Zwei Drummer spielen gemeinsam einen Groove. Nach vier Takten spielt der erste Drummer über die nächsten vier Takte eine improvisierte solistische Einlage, der zweite Drummer spielt weiterhin den Groove. Nach weiteren vier Takten wechseln sie die Rollen, der erste spielt wieder den Groove und der zweite spielt die Improvisation. Und so geht das hin und her. Sämtliche Stile und sämtliche Dynamikstufen können verwendet werden.

Das Erlebnis ist enorm und man kann sich vorstellen, dass eine solche „Diskussion" in manchen Fällen richtig lange dauern kann[57]. Natürlich kann man auch tempofreie Teile einbauen, erlaubt ist, was gefällt. Mit guten Drummern spiele ich die Four-Measure-Phrase auch über ungerade Taktarten oder über Kombinationen davon. Ich rate jedem Schlagzeuger, diese freien, improvisatorischen Drumduette zu spielen. Bei den vielen „Gesprächen", die ich bisher mit Topleuten geführt habe, war ich immer wieder erstaunt, mit welcher Intensität und emotionalen Präzision diese Musiker ihr Instrument beherrschen. Man wird sich dabei seiner eigenen Grenzen sehr deutlich bewusst, dadurch ist der musikalische Lerneffekt sehr hoch. Mut muss man haben, wenn man sich auf ein Duett mit einem erfahreneren Kollegen einlassen will. Es macht aber definitiv mehr Spaß, sich mit einem Schlagzeuger zu „unterhalten", der in seiner Entwicklung weiter ist als man selbst – es gibt einem den nötigen Kick.

---

57 Den Rekord bei diesen „Gesprächen" hat Dave Weckl aufgestellt, der über eineinhalb Stunden ohne Unterbrechung mit den Dozenten des drum department gespielt hat. Die Dozenten haben sich im fliegenden Wechsel die Stöcke in die Hand gegeben, Weckl hat immer getrommelt. Danach sagte er völlig trocken: „You guys gave me a good exercise routine!"

VI.11 Odd Times, metrische Modulation,
Groove Displacement – was es nicht alles gibt!

Dieses Kapitel habe ich bewusst unter die Gesamtüberschrift „Sonstiges" gesetzt, obwohl es genau genommen unter „Rhythmik" stehen müsste. Aber da die Phänomene, die ich hier kurz beschreiben möchte, nur sehr selten anzutreffen sind und im normalen Drummeralltag kaum vorkommen, sehe ich deren Kenntnis und vor allem ihr spielerisches Umsetzen nicht als grundlegend wichtig an. Selbstverständlich sind diese Konzeptionen bei vielen Topleuten internalisiert, aber sie sind dennoch etwas Exotisches.

„Odd Times" (wörtl. übersetzt = seltsame Zeiten) meint als Begriff alle ungeraden Taktarten. Unter einem ungeraden Takt versteht man eine Periode, die sich nach einer ungeraden Anzahl von Pulsschlägen wiederholt. Die häufigsten ungeraden Taktarten sind der Drei[58]-, Fünf- und Siebenvierteltakt sowie der Fünf-, Sieben- und Neunachteltakt. Alles ist erlaubt, und daher kommen hin und wieder auch die abstrusesten Taktarten wie z.B. ein Dreiunddreißigachteltakt vor. Ob solche Taktarten musikalisch Sinn machen oder ob hier nicht doch eher die mathematische Komponente die eigentliche Idee dieser verrückten Rhythmik ist, bleibt dem Zuhörer als Kritiker überlassen. In jedem Fall müssen Top-Schlagzeuger auch auf diesem Gebiet souverän agieren können.

Wie nähert man sich diesen Rhythmen? Wir nehmen als Beispiel den Siebenachteltakt: Ich bin absoluter Verfechter der realen Zählweise, ich zähle also immer die tatsächlichen Zählzeiten und baue mir keine Brücken oder

---

58   Der Dreivierteltakt ist so gebräuchlich, dass er nur per Definition in diese Aufzählung gehört. Normalerweise bereitet er keinerlei Schwierigkeiten.

Hilfen.[59] Der Siebenachteltakt hat seine periodische Wiederkehr, wie sein Name schon sagt, alle sieben Achtel. Unsere innere Uhr stellen wir also auf Achtel ein, denn der Achtelpuls wird ja nicht verändert. Wenn wir unsere innere Uhr auf Viertel stellen würden, ginge die Wiederholung nicht auf und wir hätten unseren Puls im ersten Takt auf den Vierteln und im zweiten auf den Off-Beats. Das geht im Prinzip natürlich auch, ist aber weitaus schwieriger. Diese Art der rhythmischen Überlagerungen überlassen wir eher unserer Spielweise.

Im Inneren und als rhythmische Basis agieren wir einfacher auf einem möglichst soliden Fundament. In unserem Beispiel sind das also die genannten Achtel. Die erste Übung ist, diesen Takt mit dem sogenannten Klappeffekt zu spielen und dazu laut zu zählen. Klappeffekt? Nun, man spielt einfach einen „normalen" Groove, wie bei einem Viervierteltakt und lässt dabei einfach die letzte Achtelnote weg. Man schneidet dem normalen Vierviertel-Groove einfach ein Achtel ab. Dadurch entsteht ein Effekt, der dem Zuhörer das Gefühl gibt, dass der Rhythmus am Taktende „umklappen" würde. Man meint, der Rhythmus würde stolpern. Wenn man diese Art Groove gut spielen kann, spielt man ihn in der üblichen Vierer-Einheit: Drei Takte Groove im Wechsel mit einem Takt Fill, alles natürlich im Siebenachteltakt. Wenn sich das flüssig anhört und auch das Timing exakt stimmt, erhöht man den Schwierigkeitsgrad: Man verteilt die Bassdrum- und Snaredrumschläge auf ungewöhnlichere Achtel-Zählzeiten. Zum Beispiel so: Die Bassdrum auf den Achteln Eins und Zwei, die Snare auf Vier, die Bassdrum wieder auf Fünf

---

59   Es gibt Schlagzeuger, die statt der realen Zählzeit einfache Sätze sprechen. Beispielsweise für einen Siebenachteltakt: „New – York – ist – 'ne – schö – ne – Stadt". Das mag bei einem Siebenachteltakt noch funktionieren, sobald aber Taktkombinationen zu spielen sind, bringt dieses System mehr Komplikationen als Hilfen mit sich. Wenn man statt dessen so zählt, wie es in den Noten steht, ist man in jedem Fall auf der richtigen Seite und für alle Eventualitäten gerüstet. Das Zählen mit Silben, wie z.B. das Ta-Ke-Ti-Na-System oder ähnliches, kann für manche Schlagzeuger eine Vereinfachung bedeuten. Da aber die normale Zählweise dem internationalen Standard entspricht, favorisiere ich sie.

und die Snare auf dem sechsten Achtel. Der entstandene Groove klingt völlig anders und hat keinen Klappeffekt mehr. Diese Art der ungeraden Rhythmen gefällt mir persönlich am besten. Der Groove wird nicht durch ein mathematisches Prinzip, durch Hinzufügen oder Weglassen der betreffenden Mikrostruktur, erzeugt, sondern durch interessante und clevere Verteilungen der Spannung zwischen der Snare und der Bassdrum. Ist man mit dem Resultat zufrieden, übt man diesen Groove auch wieder in der Vierer-Einheit mit Groove und Fill. Man sieht, der Kreativität sind keine Grenzen gesetzt. Wenn man die Snares und Bassdrums völlig verrückt verteilt, entstehen knackige Grooves[60]. Das gleiche System wendet man nun auch auf andere ungerade Taktarten an. Je zahlreicher und ungewöhnlicher die Grooves werden, desto sicherer wird man mit dieser Art von Rhythmen. Eine weitere Übung hat sich in diesem Zusammenhang auch etabliert: Man spielt einen normalen Vierviertel-Groove, zählt aber dazu eine ungerade Taktform. Dadurch verschiebt sich das Zählen gegenüber dem Spielen, aber das ist genau der Effekt, den wir haben wollen. Man erlernt die Fähigkeit, unabhängig vom aktuellen Spielen zu zählen. Das zeitgleiche unabhängige Denken als eigenständigen Bereich auszubilden, wird mit dieser Übung gefördert – das ist für die ungeraden Takte unabdingbar[61].

Unter „metrischer Modulation" versteht man eine systematische Veränderung des zugrunde liegenden Metrums/Puls. Wenn ein Musiktitel diese Veränderung als Kompositionselement in sich trägt, spricht man von „echter metrischer Modulation". Sollte nur der Schlagzeuger oder ein anderer Musiker sich dieser Technik bedienen, die anderen Musiker aber auf dem

---

60   Meine Studenten bekommen in dieser Arbeitsphase immer die Aufgabe, eigene Grooves zu entwickeln. Ich bin jedes Mal überrascht, wie wirkungsvoll dieses System funktioniert, und ich war schon oft beeindruckt von den Ergebnissen, obwohl die Studenten bis dahin kaum Erfahrungen mit dieser Art der Komposition gemacht hatten. Dies ist ein einfaches und hocheffektives Konzept, das unglaublich viel Potential in sich birgt.

61   Hier verweise ich nochmals auf das Kapitel der sechs Gliedmaßen.

alten Metrum bleiben, dann spricht man von „überlagerter metrischer Modulation".

Das Prinzip ist jedoch das gleiche. Aus einer bestimmten Mikrostruktur wird bei gleichem Tempo eine neue Mikrostruktur. Daher ändert sich ab diesem Punkt das zugrunde liegende Metrum. Zur Verdeutlichung ein Beispiel: Man spielt einen einfachen Achtel-Groove, die rechte Hand spielt die Achtel auf der Hihat, die linke Hand die Snare auf Zwei und Vier und die Bassdrum auf Eins und Drei. Nun spielt man der rechten Hand immer im gleichen Tempo weiter, setzt aber seine Bass- und Snareschläge so, als ob man einen triolischen Groove spielt. Das Metrum verlangsamt sich um exakt 33,33 Prozent. Eigentlich einfach, oder? Man kann sofort wieder zum ersten Metrum zurückkommen, indem man die Bass- und Snareschläge wieder gemäß dem Achtel-Groove verteilt. Um dieses Prinzip allerdings als kompositorisches Mittel einzusetzen, bedarf es schon außergewöhnlicher musikalischer Fähigkeiten.

Die gängigen metrischen Modulationen funktionieren über Achtel, Triolen, Vierteltriolen und hauptsächlich, als überlagerte Modulationen, über sämtliche „Drei-über-Vier"-Figuren. Ein exzellentes Beispiel einer echten metrischen Modulation findet sich auf der ersten Solo-CD von Dave Weckl. Ein musikalisches Sahnestückchen[62] der Extraklasse.

Als drittes interessantes Konzept möchte ich hier das Prinzip von Groove Displacement verdeutlichen. Auch diese Technik trifft man äußerst selten an, sie ist aber sehr effektvoll. Das Prinzip ist wiederum einfach, die Ausführung aber höchst anspruchsvoll. Man verschiebt einen bestehenden Groove auf dem zugrunde liegenden Metrum um eine festgelegte Zahl von Mikrostrukturimpulsen. Das Klangerlebnis ist völlig ungewöhnlich und auch merkwürdig, denn der Schlagzeuger spielt ja ab diesem Augenblick komplett verschoben zur Musik.

---

62   Weckl, Dave, Here and There, CD Masterplan, GRP Records, 1990

Groove Displacement ist auf der Achtel-Ebene noch relativ einfach umzusetzen, aber auf der Sechzehntel-Ebene ein echter Hammer[63].

Alle drei Konzepte sind musikalische Spielereien und müssen wahrlich nicht von jedem Schlagzeuger beherrscht werden. Ich persönlich sehe darin jedoch für diejenigen, die es wirklich ernst meinen, ein ausbaufähiges Instrumentarium, um die rhythmischen Fähigkeiten zu perfektionieren. Diese Konzepte folgen dem grundlegenden Prinzip: Zu jeder Zeit, mit jedem beliebigen Gliedmaß jede beliebige Figur spielen zu können, wie kaum ein anderes Konzept. Die Schlagzeuger, die das beherrschen, sind rhythmisch „State of the Art". Und das ist nur den wenigsten vorbehalten. Die meisten Schlagzeuger müssen sich darüber aber keine grauen Haare wachsen lassen, denn die Einsatzmöglichkeiten dieser Konzepte sind äußerst selten und werden im normalen Leben eines Schlagzeugers wahrscheinlich so gut wie nie vorkommen.

---

63   Dieses Konzept klingt so ungewöhnlich, dass ein Laie hier einen Fehler des Musikers vermutet. Ein schönes Beispiel für missglückte Kommunikation. Hörbeispiel: Vinnie Colaiuta, gleichnamige Solo CD, I'm Tweeked/Attack of the 20 Lb. Pizza, Stretch Records, 1994

VI.12 Der Dirigent oder Was mache ich in einer Band?

Dieses Kapitel gehört eigentlich nicht in dieses Buch, denn ich halte es für ziemlich unbefriedigend, diese komplexe und schwierige Thematik in nur einem Kapitel abzuhandeln. Da ich aber weiß, wie sehr diese Thematik vielen auf den Nägeln brennt, habe ich mich entschlossen, zumindest die Hauptaspekte zu erörtern[64].

Wenn man Schlagzeuger fragt, was ihre spezielle Rolle in der Band ist, so hört man meistens: „Ich bin für den Groove zuständig!" Das ist natürlich richtig und eigentlich auch offensichtlich. Würde die Antwort alle Aspekte enthalten, die die Rolle eines Schlagzeugers in der Band ausmachen, könnte man diese Antwort auch so geben. Meistens ist dem aber nicht so, denn die Rolle eines Schlagzeugers in einer Band wird nach wie vor von vielen Kollegen nicht genau erfasst. Die Problematik der Rollenfindung wird auch noch vergrößert, weil die Mitmusiker der Band die Rolle des Schlagzeugers ebenso kennen und respektieren müssen. Wenn sie dies nicht tun, so ist es für einen Nachwuchsschlagzeuger kaum möglich, die für ihn richtige Rolle zu erkennen und sich in ihr zurecht zu finden. Dann ist der Schlamassel meistens so groß, dass eine Lösung aus dem Dilemma der falschen Rollenverteilung schwierig und daher auch aufwändig ist.

---

64   Unter „Hauptaspekte" verstehe ich die wichtigsten musikalischen Aufgaben eines Schlagzeugers in einer Band. In einer Band spielen die Interaktionen der Musiker eine ganz wichtige Rolle. Diese Interaktionen machen die Sache aber häufig kompliziert und daher ist die Frage nach der Rollenverteilung oft eher eine psychologische. Das ist nicht mein Spezialgebiet, daher werde ich diese psychologischen Fragestellungen hier außer Acht lassen. Nichtsdestotrotz bin ich mir dieser Phänomene bewusst. Durch meine Produzententätigkeit und meine Bandseminare habe ich immer wieder mit dieser Frage zu tun und kann auch Lösungsvorschläge für die auffälligsten und häufigsten Probleme machen. Aber aus oben genannten Gründen verzichte ich an dieser Stelle darauf.

Ich möchte in diesem Kapitel die Frage nach der Rolle des Schlagzeugers in der Band systematisch angehen. Zuerst möchte ich die Kommunikationsebene betrachten: Da Musik eine Form von Kommunikation ist, sind selbstverständlich alle Kommunikationsregeln gültig. Auf der einen Seite gibt es immer einen Sender und auf der anderen einen Empfänger. Offensichtlich sind die agierenden Musiker der Sender und das Publikum der Empfänger. Dies ist aber nur dann zutreffend, wenn man die Band als *eine* agierende Einheit sieht. Betrachten wir nur die Kommunikationsebene des Schlagzeugers, so sehen das viele Kollegen ebenso, ihr Empfänger ist das Publikum, denn man möchte doch seine Trommelkunst dem Publikum präsentieren, oder nicht? Man will als Musiker doch zeigen, was man geübt und erlernt hat. Aber stimmen hier die Prioritäten? Ist tatsächlich das Publikum der Empfänger?

Wenn man die Kommunikationsebenen ganz genau betrachtet, ist der Empfänger für uns Drummer in erster Linie die eigene Band und nicht das Publikum. Warum das so ist? Die Antwort lautet: Weil Musik als Ganzes zum Publikum gesendet und von diesem empfangen wird. Wir Schlagzeuger sind aber nur für einen Teil davon verantwortlich. Da dieser Teil das fundamentale rhythmische Gerüst ist, sind unsere Empfänger für diese rhythmische Basis in erster Linie unsere Mitmusiker und nicht das Publikum. Unsere Mitmusiker konzentrieren sich auf uns und benötigen unser rhythmisches Fundament, um ihren Teil zum Ganzen beitragen zu können. Daraus folgt, dass wir als Schlagzeuger immer zuerst unseren Bandmusikern gefallen müssen. Sie sind unser Publikum! Ihnen gilt unsere ganze Aufmerksamkeit und für sie machen wir unsere Musik. Wir suchen ständig den Kontakt mit ihnen und versuchen, ihnen das Gefühl zu geben, dass sie sich völlig auf uns verlassen können.

Wer statt auf seine Mitmusiker auf das Publikum achtet, hat diese Hierarchie der Kommunikationsebenen nicht verstanden und wird auch daran scheitern. Dies äußert sich darin, dass diese Kollegen oft zu viel spielen oder ständig versuchen, ihr Können unter Beweis zu stellen, ganz nach dem Motto „Bin ich nicht ein guter Schlagzeuger?" Sie spielen sich gerne in den

Vordergrund und sind mit ihrer Funktion als Begleitmusiker nicht zufrieden. Sie spielen nicht für ihre Mitmusiker, sondern haben nur sich selbst und das Publikum im Blick: Die Band wird für die eigene Selbstdarstellung benutzt. Es gibt auch Kollegen, die völlig introvertiert, den Kopf zur Seite gedreht, hinter ihrem Schlagzeug sitzen, bei denen man das Gefühl hat, dass sie alleine im Proberaum sitzen, nicht auf einer Bühne mit einer Band. Hier zeigen uns auch wieder die Topleute, wohin die Reise geht: Sie richten ihre gesamte Konzentration immer auf ihre Bandmusiker[65] und eben nicht auf das Publikum. Das ist richtig verstandene Kommunikation.

Die zweite Ebene, die ich betrachten möchte, ist die musikalische Ebene. Diese müsste allen erfahrenen Bandschlagzeugern klar sein und wird eigentlich schon aus der Musik heraus deutlich: Wir Schlagzeuger liefern die rhythmische Basis und sind für sie verantwortlich. Wir sind der Puls der Band, der Herzschlag. Wir führen die Band, wir entscheiden, wie schnell oder wie langsam gespielt wird. Wir sind verantwortlich für die Tempi der Stücke. Wir sind also tatsächlich der „Groovemaster", und so muss es auch sein. Aber damit ist unsere Rolle noch lange nicht ausgeschöpft. Wir sind nicht nur für den Groove der Band verantwortlich, sondern auch in besonderem Maße für die Dynamik.

Denn sämtliche dynamische Bewegungen, die nicht vom Schlagzeuger geführt oder eingeleitet werden, gehen im Bandkontext unter. Das heißt, wenn der Schlagzeuger nicht bereit ist, dynamisch zu spielen, wird die Band es auch als Einheit nicht tun. Hier sind wir tatsächlich wieder die maßgeblichen Akteure. Das ist ein wichtiger und leider oft nicht beachteter Punkt. Erst wenn der Schlagzeuger die dynamischen Abläufe eines Stückes kennt und musikalisch umsetzt, wird ihm die gesamte Band folgen können. Donnert er dagegen über eine ruhige Passage in einem Stück, geht damit die eventuell

---

65   Es versteht sich von selbst, dass es unter den Bandmusikern auch wieder eine Kommunikationshierarchie gibt, denn wir agieren weit mehr mit dem Bassisten, dem Gitarristen und dem Keyboarder als mit einer Backgroundsängerin.

ausgeführte Dynamik der Mitmusiker unter. Der Schlagzeuger ist hier wieder der zentrale Mann im Bandgefüge.

Und eine weitere Verantwortung haben wir zu tragen: Wir führen die Band durch das Arrangement. Wir zählen die Stücke ein, leiten die verschiedenen Formteile durch Fills ein und wir sind auch die rhythmischen Chefs, wenn es um ritardierende Schlüsse geht. Wir müssen das Arrangement eines Titels aus dem Effeff beherrschen, denn wenn wir fehlerhaft statt in den Refrain eines Stückes in die Strophe überleiten, merkt das jeder in der Band und natürlich auch der aufmerksame Zuhörer im Publikum. Passiert dieser Fehler einem anderen Bandmusiker, wird das kaum bemerkt.

Aus den genannten Punkten kann man daher mit Recht sagen:

Mit der Qualität des Schlagzeugers steht oder fällt die Qualität der gesamten Band!

Wir sind, was die musikalischen Aspekte einer Band angeht, der wichtigste Mann! Ob das den Mitmusikern gefällt oder nicht, ist dabei eine ganz andere Frage[66]. Wenn uns unsere Mitmusiker diese Rolle nicht zugestehen, kommt es unweigerlich zu Konflikten.

Welcher Art diese Konflikte auf musikalischem Gebiet sein können, soll das folgende Beispiel verdeutlichen: Wir stellen uns eine Live-Situation vor, der Drummer spielt im Time etwas weiter hinten als der Bassist. Die beiden sind also nicht optimal zusammen und der Groove des Songs ist dementsprechend schlecht.

Was passiert nun bei fehlender Autorität des Drummers? Der Bassist bemerkt, dass der Drummer schleppt, und versucht, diesen anzutreiben, indem er noch ein wenig weiter nach vorne spielt, er will den Drummer sozusagen

---

66   Die Interaktionen zwischen den Musikern sind, wie gesagt, nicht Gegenstand dieser Betrachtung.

rhythmisch mitziehen. Der Schlagzeuger wiederum bemerkt, dass der Bassist nach vorne treibt, und versucht seinerseits, weiter nach hinten zu spielen, um den Bassisten zu bändigen. Das Ergebnis dieser Aktionen ist ebenso offensichtlich wie fatal: Die Spannung zwischen den beiden wird immer größer und sie bewegen sich immer weiter voneinander weg. Das geht so lange, bis entweder einer nachgibt oder der Song rhythmisch völlig auseinanderbricht.

Sind dagegen die Prioritäten klar und erkennt der Bassist die Führungsrolle des Schlagzeugers an, wird er, sobald er bemerkt, dass der Schlagzeuger schleppt, sich auf dessen Timing einlassen und ebenfalls im Timing weiter hinten spielen. Die Spannung zwischen beiden wird kleiner, sie treffen sich nach kurzer Zeit wieder auf dem gleichen rhythmischen Punkt und spielen wieder miteinander, statt gegeneinander.

Wenn also ein Musiker der Band meint, dass er rhythmisch besser spielt als der Drummer und das tatsächlich so ist, dann bleibt ihm trotzdem nichts anderes übrig, als sich dem Timing des Schlagzeugers anzupassen, ohne Wenn und Aber!

Bewegungen im Tempo, die der Schlagzeuger meist unbewusst ausführt, sind in jedem Fall von allen Bandmitgliedern mitzumachen, vorausgesetzt, sie wollen als Band und als kompakte musikalische Einheit gut klingen und gemeinsam pulsieren. Wenn sich die Bandmusiker entgegen dieser Rollenverteilung verhalten, wird die Band den gemeinsamen Puls nicht finden können.[67]

Diese Bereiche sind die Hauptaktionsgebiete für Schlagzeuger innerhalb einer Band. Wir Drummer haben also, bis auf die musikalische Leitung, die wir haben können, aber nicht müssen, genau die gleichen Aufgaben und

---

[67]   Selbstverständlich sollen und müssen in diesem Fall die Bandmusiker auf den Schlagzeuger einwirken, dass er sein Timing verbessern sollte. Eine weitergehende Betrachtung einer solchen Problematik ist aber aus genannten Gründen hier nicht zu machen.

Funktionen wie ein Dirigent in einem Orchester[68]. Der Dirigent gibt das Tempo vor und ist für ebendieses verantwortlich. Er zeigt alle dynamischen Bewegungen und alle Einsätze an. Er führt sein Orchester durch das Stück und ist für sämtliche Metrumsveränderungen verantwortlich. Nach dieser Betrachtung kann man daher feststellen:

Der Schlagzeuger ist der Dirigent einer Band!

Diese Dirigentenfunktion in Verbindung mit dem Wissen um die richtige Kommunikationsstruktur ist es, die einen guten Bandschlagzeuger auszeichnet. Wer sich dieser Rollenverteilung bedient, ist auf jeden Fall auf der sicheren Seite. Es ist deutlich geworden, dass wir Schlagzeuger in der Band *die* zentrale Rolle innehaben, und wer eine zentrale Rolle auszufüllen hat, sollte sich seiner Verantwortung bewusst werden, um diese auch tragen zu können. Dies ist oft ein mühsamer und langwieriger Prozess, der, bedingt durch die Interaktionen in einer Band, leider meistens nie ganz ohne Reibungen abläuft.

Hier ist, wie so oft, Ausdauer und Beharrlichkeit gefragt, denn erst wenn die Rollenverteilung innerhalb einer Band klar ist, werden alle Musiker gemeinsam an einem Strang ziehen können; nicht zugunsten eines Einzelnen, sondern zugunsten der Musik, der musikalischen Darbietung. Wenn diese erfolgreich verläuft, haben alle etwas davon – nicht nur die Band, sondern auch die Zuhörer.

---

[68]   Natürlich ist der Dirigent eines Orchesters immer auch der musikalische Leiter. Diese Rolle ist nicht automatisch dem Schlagzeuger einer Band zugeordnet. Er kann sie innehaben, muss es aber nicht.

VI.13 Anmerkung

Schlagzeugspielen bedeutet für viele Zeitgenossen oft viel mehr als nur ein Musikinstrument zu spielen. Schlagzeugspielen ist eine Lebenseinstellung, ein Lebensgefühl. Ich erlebe es jeden Tag. Die Beschäftigung mit Rhythmus, mit rhythmischen Melodien und Grooves übt eine solche Faszination aus, dass sich ihr viele Menschen nicht entziehen können, dass viele sie geradezu immer suchen. Dieses Lebensgefühl hat meistens auch einen sehr starken kommunikativen Aspekt, der sich aus den archaischen Wurzeln dieses Instruments erklärt.

Wir Schlagzeuger sind extrem kommunikative Menschen. Die Belege dafür sind vielfältig: Wir bilden Communities, wir freuen uns gemeinsam am Erfolg unserer Kollegen und wir tauschen gerne untereinander Erfahrungen aus. Wir sind diesbezüglich tatsächlich anders als die anderen Musiker. Oder gibt es annähernd so viele Gitarren- oder Keyboardschulen wie Schlagzeugschulen? Alleine in Deutschland gibt es mittlerweile drei Fachmagazine für Schlagzeuger!

Wir Drummer leben mit und für unser Instrument in Kommunikation mit anderen. Diese Freude an der Kommunikation mit anderen, diese Mitteilungsbereitschaft, dieser gemeinschaftliche Gedanke, hat die große Trommlerszene in Deutschland, Europa und der Welt zu dem gemacht, was sie ist: Eine große und lebendige, sich ständig erneuernde und vielfältige Szene. Die Arbeit im drum department hat mir innerhalb dieser Szene wichtige Erfahrungen gebracht, ohne die ich auch dieses Buch so nicht hätte schreiben können. Ich will einen Beitrag dazu leisten, dass wir Schlagzeuger auch weiterhin unsere Szene mit neuen und interessanten Impulsen versorgen.

Ständige Weiterentwicklung und das Hervorbringen von Neuem ist eine der wichtigsten Aufgaben der Akteure innerhalb einer Szene. Ich glaube, wir Drummer sind in dieser Hinsicht echte Weltmeister. Das wird mir auch immer wieder bewusst, wenn ich mit den Spitzenleuten, den Drummern der ersten Garde, zu tun habe. Sie fühlen sich dieser Szene ebenso zugehörig wie der junge 15-jährige Schlagzeuger, der noch ganz am Anfang seiner Entwicklung steht. Allen gemeinsam ist die Lust am Schlagzeugspielen, egal auf welchem Niveau und mit welcher Virtuosität. Das Wissen, dass dieses Instrument unglaublich viele Menschen emotional so stark berührt und verbindet, überträgt eine besondere Verantwortung auf diejenigen, die sich um den Nachwuchs in dieser Szene kümmern. Dieser Verantwortung müssen wir als Musiker und ganz speziell als Pädagogen gerecht werden.

Dass es in unserer Szene, wie in jeder andern auch, schwarze Schafe gibt, die sich dieser Verantwortung nicht stellen wollen, ist leider eine Tatsache und kann auch nicht verhindert werden. Wir alle können aber daran arbeiten, dass das Bewusstsein für die Verantwortung und die daraus resultierende Qualität in unserer Drummer-Szene immer wieder die Oberhand gewinnt.

Impressum

4. Auflage 2013

© 2007 by LEU - VERLAG, 86356 Neusäß, Kolpingstraße 5, Tel.: 0821/48043091 Fax.: 92

www.leu-verlag.de

Lektorat: Wolfgang Leupelt

Umschlag: Claus Lange/Stefan Schütz

Umschlagfoto: www.gruppefuergestaltung.de

Satz: delapix, Berlin, www.delapix.de

Druck: Medienhaus Plump GmbH, 53619 Rheinbreitbach

Printed in Germany 2013

ISBN 978-3-89775-103-3